販売員が壁にぶつかったら読む本

豊島定生 著

同文舘出版

はじめに

販売員が壁にぶつかることは、日常茶飯事です。「商品が売れない」「お客様を応対しても、すぐに離れていってしまう」「接客するのが怖い」……状況によって低い壁もありますが、自分にとってものすごく高い壁もあります。

では、なぜ壁にぶつかるのでしょうか？　なぜ悩むことが多いのでしょうか？

私も散々壁にぶつかり、その壁を乗り越えてきました。私たち販売員が壁にぶつかるのは、お客様に「商品を売る」という攻めの仕事をしているからだと思います。一所懸命お客様に商品を紹介しても断わられます。断わられ続けると、もうずっと自分には売れないのではないか、と考えてしまいます。しかし、そんな壁を乗り越え、お客様に商品を売ることができるようになると、商品を通してお客様に認められ、お客様に喜んでもらうことができるようになって、成長している自分を確認できると思います。

本書は、商品を知り、お客様を知り、短期間で販売力を上げたいという強い意志を持っている人にお薦めします。個人のお客様への対応術も含め、販売の基本を身につけたい人、とにかく早く一人前になりたい・人に認めてもらいたいという人に向けて、お客様から学び、商品から学び、先輩や店長から学んで実績を上げていくにはどうしたらいいか、を実践的に紹介した内容になっています。

私は高校卒業後、大学受験に失敗し、その後数々のバイトをやってはすぐ辞めてしまうという生活を送っていました。しかし、現在の会社に入り、カメラの販売員という仕事を通して、自己成長できたと思っています。

まったく販売経験のないゼロからのスタートでしたが、とにかく同年代の人に追いつきたい、追い越したい、人に認められたい一心で、数多くのお客様に対応してきました。

新人のころは、お客様のあまりにも我慢できない言動にぶちきれ、お客様を怒鳴りつけたこともありました。今になって思えば、非常に恥ずかしい行動でした。

接客とはお客様に深く入り込むことだと思います。表面だけで対応していたら、いつになっても商品は売れません。とにかくお客様に関心を持つ。お客様に深く入り込む。自分の言いたいことを伝えたいなら、まず相手の話を聞くこと。

最初からバンバン売れる人はいません。たくさんのお客様に対応し、傷つき、失敗し、自分の接客の幅を広げてこそ、「売れる販売員」になるのだと思います。

2014年6月

豊島　定生

販売員が壁にぶつかったら読む本◉もくじ

2章 なぜ壁にぶつかってしまうのか？

4章 自分自身を売って壁を乗り越えよう

6章 自分でマーケットをつくれば壁は乗り越えられる

装丁 大野 文彰
DTP 春日井 恵実

1章

販売員がぶつかる売れなくなる壁とは

1-1 急に売れなくなる原因は何か

◉売れない負のスパイラル

あなたは、昨日までと同じ接客内容や接客態度でお客様に対応していても、何だか調子が違って、急に売れなくなったということはないでしょうか？　私にも、以前そんな経験があります。

最初は、「たまたま売れなかっただけだ」とか、「お客様の予算が足りなかったのだ」、あるいは「ただ見にきていただけなんだ」と勝手に思っていました。とにかくお客様側の都合で買っていただけなかったのだ、と解釈していました。

そんなときは、接客についても会話の入口でいきなり断わられたり、話をはじめても少しも盛り上がらず、お客様から、「ゆっくり見せてください」と言われる始末でした。

とにかく〝何をしても売れない〟という負のスパイラルに、いつの間にか陥ってしまっていたのです。

そして気がつくと、接客に行く回数も減ってますます売れなくなり、「何のために接客の仕事をやっているのだろう」と思い悩むことすらありました。どんどんモチベーションも下がり、いつの間にか元気もなくなっていきました。

また挨拶の声にも元気がなくなり、自分から進んで接客に行く気持ちにもなれず、笑顔もなくなり、その結果、さらに売れなくなる要因が増えていったのです。

接客という本業がうまくいかなくなってくると、別の業務、たとえばＰＯＰなどを書く作業に逃げるようになります。そうなるとお客様との距離が、ますます遠のくことになってしまうのです。

◉売れない原因は自分自身の中にある

「急に売れなくなるという現象」は、実は売れなくなる前から、少しずつ症状が出てきていたのに、その**兆候を見過ごしてきた結果**なのです。

調子よく売れていたときと同じ気持ちで接客をしても、売れない状態が２、３日続くことは誰にでもあります。そんなときは、往々にして自分自身に焦りが出てきて、「何とか売らなくては」という気持ちだけがますます強くなり、接客が途中までうまくいっていてもクロージングができず、販売に結びつかない日が続くことになります。

このような、「急に売れなくなる現象」は、その後もたびたび起こるでしょう。新人のときはもちろん、店長になってからも、急に売れなくなるという現象は日常的に起こることなのです。

そんなとき以前の私は、その原因を、「私以外の何か」に押しつけていました。自分が接客したお客様は、「ただ見にきていただけで、買う予定ではなかったのだ」「あのお客様は条件が厳しかった」と自分をかばってばかりいました。

また同僚が販売できたときは、「家族全員で来店して目的の決まっているお客様に販売しただけだ」とか、「販売が簡単なお客様だったのだ」と考えていました。

しかし、違うのです。**売れない原因は、やはり自分自身にある**のです。

「売れない原因はどこにあるのか」をまず考えることが重要です。販売員は得てして、売れないとき、売れない原因を自分自身に求めず、他人のせいにしたがる傾向があります。それが売れない期間を延ばしてしまうことも後々わかりました。

急に売れなくなったときの対処法は、後ほどご紹介します。売り続けていないと、急に売れなくなるという現象は起きません。私の場合、売れなくなったのは、**「客観的に自分自身を見ることができなかったこと」**が最大の原因だったと考えています。

売れなくなったら、「自分の接客内容はどうなのか」、お客様に質問を投げて、**しっかりとお客様の話を聞いているのか**を確認してみるべきです。

お客様の話を聞いて、「ベストな提案ができているか?」「お客様の一番の関心事は何なのか?」「お客様は自分の話に共感してくれているのか?」……こうしたことをひとつひとつ詰めていくと、売れない原因がはっきりと見えてくるようになります。

「売れない原因は自分に中にある」と自覚しないと壁はいつまでも立ちはだかる

1-2 なぜか、商品に惚れることができない

◉「こんな商品はお客様は買わない!」

私が販売員として働きはじめたころは、「この商品を売ってください」と言われ、何もわからないまま販売という業務につきました。その後、一所懸命、商品の一番の特徴や機

能などを覚えて、販売にも慣れはじめました。

販売に慣れてきたころには自分の主観が強くなり、商品の短所を見つけては文句ばかりを言っていたことがあります。つまり、商品を表面だけで判断して、好きだの嫌いだのと言っていたのです。自分がそう思うなら、お客様も同じように思うはずだと考えて、商品をお客様にお薦めしないこともありました。

たとえばコンパクトデジカメで言うと、少しサイズが大きいだけで、「お客様は使わない」と勝手に決めつけていました。「なぜ、その大きさなのか」と調べることもなく、自分の主観だけで、そんな判断をしていたのです。

またデジカメは、最近はカラーバリエーションが豊富になっていますが、私は、「ホワイトは売れない」と決めつけていました。しかし、「ホワイトのボディは汚れやすいから売れない」と思い込んでいるのは自分だけだったことを、後から何度も思い知らされました。

カメラの色は何年もの間、黒が主流でしたが、その中でホワイトは斬新で非常にかっこよく、人気の色になっていきました。

先ほどの、「コンパクトデジカメはサイズが大きいと売れない」と考えることなどは、商品自体の性能、機能、特徴などを調べつくしていないから起こる誤解だと、後になってわかりました。

商品には長所もあれば短所もあります。サイズが大きいデジカメには、たとえば、「20倍の高倍率」という特徴もあります。また、「しっかりホールドできて、手ブレを抑える」という効果もあります。私が大きくて重いことを短所と捉えていたことが、実は最大の長所だったということがあるのです。

そんなころ、よく先輩から、「君は自分の狭い主観で商品を見ているだけで勉強不足だ」と怒られたことを思い出します。

◉どうしたら商品に惚れられるか

では、どうしたら自分の主観を乗り越えて、商品を客観的に見ることができるようになるのでしょうか？　**自分が思ったこと、感じたことの根拠は何かと考えること、商品の性能や外観、形状などを客観的に考える**ことで、自分の主観を客観にまで広げる訓練ができます。

どんな商品にも長所と短所があり、その捉え方ひとつで、その商品について説明する表現も変わってきます。商品をとことん調べることで、自分の主観や価値観は必ず変化していくものなのです。

また、自分が欲しいと思わず、仕事だからということで商品を販売している人もいます。しかし、商品についてとことん調べると、愛着がわいてきて商品が好きになり、自分でも欲しくなるものです。ですから商品に惚れることができないときは、**とことんその商品についてて調べてみてください**。

私が一眼レフカメラの販売をしていたとき、キヤノン、ミノルタなどの製品を取り扱っていました。当時、キヤノンのカメラは、テレビCMなども盛んに流して人気がありました。そのためキヤノン製品は入荷が少なくて品薄で、仕方なくミノルタの一眼レフを主体に販売していました。

またキヤノンの一眼レフは、必要なときに全自動でフラッシュがポップアップして撮影ができることも、売れている理由でした。

ミノルタの一眼レフは、自動でフラッシュがポップアップしないタイプだったため、古いタイプだと感じて、私はあまり好きになれないまま販売をしていました。そして、上司に文句ばかり言っていました。

そのとき私の上司だった専務は、私を一喝しました。

「豊島君、君は本当に勉強不足だね。キヤノンの一眼レフとミノルタの一眼レフについてちゃんと調べたのか?」

◉表面上の不便には理由がある

その後、よく調べてみると、ある意味ではミノルタのほうが機能性が高く、値段も1万円近く安くて得であることがわかりました。

撮影時の自動フラッシュも、よくよく調べると、カメラの判断で発光するため、大切な撮影のシーンでフラッシュが発光しないことがあり、逆に不便なケースがあることもわかりました。

一方のミノルタのフラッシュは手動ですが、室内の撮影など、大切なシーンでは必ずフラッシュが発光してきれいに撮影ができることもわかりました。

こうして私は、ミノルタの一眼レフを好きになり、惚れることができるようになったのでした。

このような経験を何度もすることで、**商品に惚れることができないのは自分自身の問題であり、商品のせいではない**ことがわかってきたのです。

人間も商品も同じですが、どうしても短所や欠点ばかりを先に見てしまうという傾向があります。しかし**一番大切なのは、まず商品や人の長所を見つけること**なのです。

それぞれの商品には長所ばかりでなく、もちろん短所もあります。ですが、長所が短所を大きくカバーするのです。

私は、商品が入荷したら、まず徹底的にその商品の一番の長所をさがします。そうすることで商品に愛着がわき、その商品にどんどん惚れていくようになります。

みなさんも、新しい商品が入荷したら、まず〝売りポイント〟を三つ見つけてください。同様に短所も三つ見つけるようにしてください。そして、その短所を長所に変えることを考えてみてください。私は、そうやって商品といつも向き合ってきました。


自分が商品に惚れなければ、お客様に自信を持って薦められない

1-3 商品知識の欠如という壁

◉勢いだけで売れ続けることはない

仕事をはじめたころは、ごく少ない商品知識でも、若さの勢いだけで販売ができたつもりでいました。それが販売の経験を積むにつれて、「商品を知らない」という壁にぶつかり、販売がうまくいかないことが多々ありました。

私の店はカメラ・写真の専門店なので、カメラの機能・性能・効果、また写真自体に関する知識や撮影技術・場所などが主な商品知識になります。

接客をしているとき、自分がわからない用語などを言われると、わかったふりをするのも嫌なので、「ちょっと、わかる者に聞いてきますので、少々お待ちください」と言って店長を呼んでくる、といったことが何度もありました。

ときにはお客様から、「君で大丈夫？　わかる人を呼んで」と言われて、悔しい思いをしたこともあります。また、商品の特徴が説明できず、「君じゃあ話にならないから、わかる店員を呼べ」と怒鳴られたこともありました。

私が入社して3日目くらいのときに、ちょうど地域で運動会がありました。

9月は繁忙期で、そのときの私はカメラや写真の基本も知らず、勢いだけで、「このカメラは3倍ズームで、ズームだけ合わせてシャッターを押していただければ、簡単にきれいに撮れます。全自動ですから」と、覚えたてのわずかな知識で1日に15台販売したこともあります。

しかし、毎日順調に売れ続けることはありませんでした。それはそうです。カメラの仕組みや写真の色合いの基本、写真ができるまでの流れなど、何もわからないまま販売をしていたのですから。

◉応対できるお客様が限られてしまう

販売職についたはじめのころは、「商品知識なんてあまりなくても売れるんだ」と慢心して、気後れすることなくどんどん接客して販売していましたが、それもそう長くは通用しませんでした。

私は、若さの勢いだけの未熟な説明員で、ただただ元気がある店員をやっていたのです。入社して3ヶ月くらいたつと、販売がまったく上手にできない混乱の時期に突入してしまいました。

「このカメラをどう操作すると、どんな写真が撮れるのか？」「この機能はどのようなときに使うのか？」。カメラについてあまり知識のないお客様にも、ちょっと突っ込んだ質問をされると、的確に答えられません。ましてやある程度わかっているお客様、商品にくわしいお客様に質問をされると、しどろもどろになったり、お客様が何を言っているのか理解できないなど、非常に苦労しました。

こちらが知っている内容だけで販売できるお客様は、その商品に対してまったく知識のないお客様だけです。少しでも自分よりもくわしいお客様に対応するときは、冷や汗が出るくらい緊張し、ドギマギしてしまいます。

とくに私が販売していた一眼レフカメラは、実際の撮影場面での撮影技術や撮影方法などを、お客様に教える機会がたびたびあります。たとえば運動会で走るわが子を撮影するお客様には、被写体は大きく動くものなので、オートフォーカスだと速くピントが合わせやすいことをお伝えすることが必要です。そのためには、商品の機能をしっかり理解しておかなければなりません。

◉本当の商品知識とは何か

商品知識の欠如は、何も新人だけのことではありません。新商品は次々に出てくるので、永遠に続くと言っていいでしょう。ですから、覚えてから売るのではなく、**覚えるのと売るのは常に同時進行**です。

私は商品の性能・機能などについては、カタログを休み時間などに見て覚えるようにしています。また一番リアルな勉強法としては、**お客様から実際の使い方を教えていただきながら**商品知識を深めていきました。

商品知識に関しては、商品自体の機能・性能もありますが、私が扱っている商品は、使い勝手や撮影技法など、機能に付随して使い方という部分があります。

そうしたソフトの部分については、商品を覚えていくうえで基礎知識を自分で調べたり、実際に自分で撮影して体感したり、お客様に教えていただいたりして身につけていきました。

商品知識とは、商品のスペックを覚えるだけではなく、商品の用途・使い勝手など、**お客様にどう使ってもらえばいいのかを提案ができること**が、本当の意味での商品知識なのです。

◉お客様は何を求めているのか?

商品知識が豊富にあっても、販売力が弱い人がいます。それは、お客様にどう使用するのかを質問をして、そのお客様に合った、わかりやすい使い方の提案ができていない販売員です。

売れない販売員は、よくお客様に必要のない情報を伝えたり、お客様に伝わらないむずかしいことを得意げに話しています。

たくさんの引き出しを持って、お客様の希望を質問して、**お客様が求めていることにぴっ**

たりの内容をズバリ紹介できるのが、売れる販売員なのです。

そのためには、お客様の使用イメージを、いかに膨らませるかがポイントです。

私どものある店で、販売員が、お子さんがスポーツをやっているママに、一眼レフカメラを紹介しました。いろいろ使い勝手や商品の性能を紹介して、お客様のほうもカメラが欲しくなったようすでしたが、決心がつかないようで、「検討する」と言って店を出たそうです。

数日後、そのお客様は、ご自宅から近い私どもの別の店に来店されました。対応した店員は、小学生の息子がいる女性販売員でした。

彼女は自分にも子供がいることを話し、お客様が、「子供の部活動のようすの写真を撮りたい」という要望を持っていることを聞き出しました。

そこで販売員は、外へ出て目の前の道路を走る車を見本に、実際に動きのあるものの撮り方を教えました。お客様は、自分でも簡単に撮れることがわかり、その女性販売員からカメラを買ってくださいました。

なぜ、お客様はこの女性販売員から購入したのでしょうか？　お客様がカメラを欲しいと思ったのは、商品の機能に引かれたのではなく、「部活動で子供が活躍している姿を撮りたい」というのが一番のポイントです。

お客様が一眼レフを買う決心をしたのは、女性販売員がお客様に、「簡単に使える」撮影方法を教え、お客様が実際に撮影して、自分でも使えると実感したからです。

お客様に、自分でも使いこなせることを実感してもらうことが、一番のポイントなのです。

本当の商品知識とは、お客様の要望に応えること

1-4 接客についても売れない

◉お客様に断わられてしまう現状

接客についても、なかなか売れないスパイラルに陥ったことはないでしょうか?

私も、接客してもぜんぜん売れないことが多々ありました。それを克服するために、接客の仕方を何度も変えました。

今の私は、接客のとき、お客様に質問しながら話を聞いていきます。それでも思わしくない反応を受けることもしばしばです。

お客様の話を聞き、お客様の用途に合わせた商品を紹介して、買ってもらえるかなと思っても、「考えてきます」と言って帰られてしまうことがあります。

接客しようと思ったとたんに断わられることもあります。

お客様に声をかけて接客をしても、なかなかお客様との会話にスムーズに入ることができず、話を進められないこともあります。

また、お客様に「ゆっくり見せてください」と断わられたことも数多くあります。

しかし、積極的に質問をすることによって販売実績は大きく変わりました。

◉機能説明員からの卒業

私が接客業をはじめたばかりのころは、お客様に、「その商品をどのように使うと最適なのか？」という提案をすることもなく、ただ商品の機能説明をするだけの説明員でした。

しかしそれでは、一向に成績は上がりませんでした。

お客様の用途も聞かず、商品の一番の機能を説明するだけでも、向こう見ずの新人のころは販売ができましたが、お客様に質問することもなく、ただ一方的な機能説明だけでは、頭打ちになってしまったのです。

お客様が自分で商品を吟味して調べてきて、商品購入を考えている場合には、補助説明のレベルでも販売することができます。

ですが、商品について何も知らないお客様に対して、「今まで使っていた商品と、これから購入しようとしている商品はどのように違うのか」「この商品を使うことの一番のメリットは何か」など、**使用用途を一緒になって考えてあげられる販売員**でないと、なかなか販売成績が上がっていかないことに気がつきました。

そこで、自分なりの改善策として、まずはお客様に質問を投げかけることにしました。

まず、「はじめて買うのか」「買い替えなのか」「買い増しなのか」を接客のはじめに聞くようにしました。そうするとお客様のほうから、「実はカメラが壊れちゃって新しいものが欲しいのよ」と言ってくれたり、「子供に1台新しいのを買ってあげたいのよ」とか、「今使っているのが、ちょっとズームが小さいので、もっとズームがきくカメラが欲しいのよ」といった話が出てきます。

ここが、通り一遍の機能説明員からの卒業でした。ただ闇雲に商品を紹介するのではなく、「お客様にカメラの使用状況を質問すること」で、お客様の用途にぴったりの商品をお薦めすることができるのです。

◉お客様が具体的に答えられる質問

私が、プライベートでいろいろな店に行くと、「何か、おさがしですか」とよく声をかけられます。そんなとき、私はいつも思います。「さがしている」というのは、あちこち店を駆け巡っているお客様に対して言う言葉だということです。

私の店にきていただいているお客様であれば、カメラコーナーでお客様が商品を見ていたら、「何かおさがしですか」ではなく、「どういったカメラをお考えですか？」「今お使いのカメラは、どういった感じのカメラですか？」「ふだん、どういった写真を撮られるのですか？」など、**具体的な答えが返ってくるような質問**をして接客に入るようにすると、お客様との会話がたくさんできるようになります。

まずは、「お客様の購入が新規なのか、買い替えなのか、買い増しなのか？」「どのような目的で使うのか」「誰が使うのか」「いつ使うのか」といった、お客様の購入目的がわかるような質問をすることです。そういったことがわかると、お客様との会話が少しずつ楽しくなってくるでしょう。

◉お客様の情報を知ることで適切な対応ができる

私は接客するとき、お客様の情報を知りたくて、お客様の家族構成や子供さんの年や人数などを聞くようにしています。

子供さんの年齢を聞いて、習い事や学校での部活動のようすなどを質問することで、お客様が楽しく自分の子供の話をする姿を見ることができます。そしてお客様の情報を得ることで、お客様が本当に望んでいることについて適切なアドバイスができるのです。

質問ひとつでお客様は自分のことを楽しく話してくださり、お客様の情報を知ることができます。**お客様に質問をするということは、お客様の話を真剣に聞くこと**だとつくづく感じます。

また私の会社では、勉強会などで接客のシミュレーションを実施していますが、そのときは、ビデオカメラで撮影して、その状況を再生しながら、本人が気づかない部分を発見してもらっています。自分では気づかない、意識とは違う接客をしていないかどうかを点検して改善しているのです。

みなさんも一度、自分が接客している姿をビデオカメラなどで録画して確認すると、新しい気づきや改善すべき内容が見えてくるはずです。

自分が自己認識している行動と、相手から見た姿は違うということです。

まず、お客様の購入目的がわかる質問をしてみる

1-5 お客様との会話がはずまない

◉お客様の心を無視した接客だった

私自身、接客していても会話がはずまない経験を、今まで何度もしてきました。自分が話した内容にお客様の反応がなかったり、自分だけが話していて、お客様が何もしゃべってくれないのです。

私が新人のころのお客様へのお声がけは、「セールでお安くなっています」とか、「○日まで限定特価です」「この商品はものすごい特徴があります」といった、ただ一方的な〝売り込み接客〟だったため、会話がはずまなかったのだと思います。

お客様が関心を持ちそうな話題を振っていくことができなかったということでしょう。

またお客様によっては、接客されるのが恥ずかしいとか、買わされてしまうという恐怖心で会話をしない人もいます。

そんなこともわからずに、新人の私は毎日接客していました。会話がはずまないのも、当時の私は、「あのお客様は反応が悪い」だの、「なかなか口をきいてくれない」など、自分自身の接客態度の改善も考えずに、同僚にグチをこぼしていました。

◉お客様はどんなときに販売員に心を許すか

今考えると、会話がはずまない内容を話しているのが、自分自身であることさえわかっていなかったのです。たしかに、「ゆっくり見たいな」と思っているお客様に、「お安くなっています」とか、「セールはいつまでです」など、お客様の気持ちを考えずに、売り込むことばかりを考えた接客をしていました。

お客様との会話がはずむとは、お客様が考えている用途に自分の商品説明がはまり、**お客様が販売員を信用した**とか、**安心感を抱いた**ときであることが、後からわかりました。

会話がはずまないのはお客様の責任ではないのです。販売員の販売スキルも大事ですが、どれだけお客様のそのときの気持ちを汲んで、それに合わせた話をしていけるかが重要であることを知りました。

お客様に興味を持ち、会話をはずませる材料を持っていないと沈黙が続きます。お客様に何の関心もなければ、ただ隣にいてお客様についているだけの接客になってしまいます。

◉お客様に話してもらう接客

お客様が求めていない、一方的な売り込みの言葉をいくら熱心に話しかけても、お客様はまったく話に乗ってきません。お客様に質問を投げかけ、**「お客様がどんなことを求めているのか」**という情報を聞き出すことが一番重要なことです。

お客様の求めている用途を知り、その**お客様にジャストフィットの商品を紹介する**という目的のために、まずお客様に質問を投げかけていきます。そして大事なのは、お客様のことをもっとよく知るために、そこから**話を広げていく**ことです。

「お客様のことを知る」ために質問をした話を広げずに次の質問をしてしまうと、会話がとぎれて間があいてしまいます。お客様に質問をして、その話を膨らませてお客様に関心を持つことで、話してくれているお客様も、自分のことを受容してくれていると感じます。

お客様に楽しく話してもらい、販売員がお客様に共感することによってさらに会話が広がり、話しているお客様も乗ってきます。

会話がはずむということは、言葉の楽しいやりとりがあるということです。自分だけが話すのではなく、お客様の話を聞いて、適切なあいづちを打って話を展開させるのも会話をはずませるためには重要なことです。

◉お客様に興味を持ち受容すること

あなたは商品を売りたい一心で、自分一人で話していて、お客様に話をさせない接客をしていないでしょうか？　私も、自分だけで話していてお客様に話をしてもらうことをしない接客をしていた時期がありました。

お客様との会話をはずませるポイントは、**「お客様に興味を持つこと」**です。お客様に質問し、お客様の用途を聞いて、その内容に共感すること。つまり、お客様の話に乗るということです。

自分を受け入れてもらう前に、まず**自分がお客様を受容する**ことが重要です。お客様の話に興味を持つことが一番重要なことなのです。

お客様は、どんな目的のために売場にきているのかを考える

1-6 怖くて接客できない

◉断わられるのが怖い

私は、接客してもなかなか売れなかったり、お客様に声をかけても、すぐに断わられるという経験を何度もしました。接客につくたび断わられるので、臆してなかなか接客につくことができないときもありました。さらに接客につくのが怖くて、お客様に近づけなくなったこともあります。

お客様に断わられて傷つくのがいやだったのか、いつの間にか接客に行けなくなっている自分がいました。この症状はけっこう長く続き、お客様から呼ばれないと接客に行かなかったり、先輩から接客につくように指示されても、心が沈んで気持ちよく向かうことができずに悩みました。

この症状は新人のころだけでなく、店長になったときにもありました。接客恐怖症になり、みんなが販売した後の会計係をしたりして、いつの間にか店頭で販売することをやめていました。

◉私の取った「お客様恐怖症」対策

お客様に断わられる回数が増え、売れない日々が続くと、自信がなくなります。「どうせ売れない。断わられる」と思い、自然に接客以外の仕事をしたり、接客から遠ざかる行動を取りはじめるようになると、完全に接客に行けないモードに入ってしまいます。

ここから抜け出す策を、私は自分なりに考えはじめました。そして、まずは私が得意とする年代の60歳代のお客様に接客に向かってみることにしました。

販売するということはあまり意識せず、**「まず商品を紹介しよう」といった軽い気持ちで接客しよう**と動きはじめました。そうすると、肩の荷が下りたのか自然にお客様の話を聞くことができ、お客様の用途に合った内容の紹介ができるようになりました。

そのうち、少しずつ元気が出てきて、接客に向かう数も増えました。怖くてできないと思っていた接客も、少しずつ楽しいと思えるようになっていったのです。

私が接客に行けなくなった体験をもとにした対応策は、**「完全に怖くて接客に行けなくなる前に、自分の心の中の原因をさぐること」**というものでした。また、早くに**誰かに相談**していれば、深みにはまる前に改善ができたと思います。私の場合、誰にも相談しなかったために対策を取るのが遅れたような気がします。

自分で改善策を見つけることはなかなかむずかしいので、先輩からアドバイスを受けたり、参考になる本を読んで吸収するのが、とりあえずの対策としては適切でしょう。

◉「断わられるのが当たり前、売れないのが当たり前」

接客が怖くてお客様のところに行けなくなるのは、誰にも意外と多く起きる症状で、売れないことが続いたり、断わられる頻度が増えてくることによって起きます。打たれ続けることによって、心がへたるのが一番の原因です。

そうなると、まず自分から進んでお客様の対応に当たる行動が微妙に減っていくようになります。そのうち、お客様に呼ばれないと接客につかない、へっぴり腰の販売員になってしまいます。

この症状は厄介で、ここから抜け出すには、とにかく自分に元気をつけて、自信を取り戻すことが重要です。

そこで、まずは話しかけやすい年代で、明らかに購入を検討しているお客様を何とか見つけるようにしてはどうでしょうか。売場で熱心にカメラを見比べているようなお客様です。私が新人のときは、先輩が購入を決めそうなお客様を自分につけてくれて、その結果、元気を取り戻したこともあります。

また、何度もお客様に断わられて凹んでいたときは、開き直って、**「断わられるのが当たり前、売れないのも当たり前」**と思って、お客様に向かうようにしました。そうすると、気が楽になって自然な接客ができ、販売できるようになりました。

◉気楽に「商品を紹介する」気持ちで対応する

また、**自分の思考が自分の行動を変化させる**、ということもわかりました。

接客が怖くてお客様につけないというのは、結局は、「お客様に振られたり、売れなくて傷つきたくない」というところから出てくる症状です。

そこで、お客様に「商品を売り込む」のではなく、「商品を紹介する」気持ちで向かうとずいぶん気が楽になるので、みなさんもぜひ試してみてください。

今でも私は、販売不振で悩んでいるスタッフには、「お客様に商品を売らなくていいから」と、**商品を紹介だけするように接客してみる**ことをアドバイスしています。

結果的に、無理に売り込まない、自然で親身な対応ができることで、お客様のほうからスムーズに商品を買っていただけるようになります。

「接客恐怖症」の打開策は、断わられること、売れないことにこだわらないことです。

とにかくお客様の話をお聞きして、商品を売り込むのではなく、「紹介する」という気持ちで対応することが重要なことです。お客様に商品を紹介するだけなら、自然に接客ができるようになります。

お客様に「商品を売り込む」のではなく、「紹介する」気持ちで接客

1-7 接客しているとお客様が帰ってしまう

◉押しつけがましい接客はうんざり

売れない状態が長く続くと、早く売りたいというあせりの気持ちが先行して、お客様が帰ってしまったという経験はないでしょうか？　私もお客様の要望など聞かず、自分の主張ばかりを押し通して、売込みが強くなっていた時期があります。

すると、お客様はうんざりするのか、まともに話を聞いてくれず、「考えてくるよ」と、私から離れ、帰ってしまいます。

たとえば、お客様がまだ商品を選んでいる段階で、値段を安くして買ってもらおうとしたことがあります。しかし、まだお客様が、「この商品が気に入ったから買おう」と思わないうちに、「安くしますから買ってください」は通用しません。

お客様が、「何に悩んでいるのか」「購入を決めかねている理由は何なのか」もわからないうちに、一方的にクロージングに入ろうとしていたのです。

ときには、「これだけ説明したのに、何でお客様は買わないのか」と聞いたこともあります。後から考えると、お客様に対して、お客様の求める商品の特徴をきちんと説明しておらず、使用用途などの提案もできていませんでした。お客様の共感を得ようとせず、お客様が納得しないうちにクロージングをかけていたのです。

そんなときの私は、自分から、お客様が「考えてまたくるから」としか言えないような状態に持っていっていたのです。「売らなくてはいけない」というあせりのモードに入って、お客様にとっては必要のない、聞きたくもない説明を散々していたのです。

◉お客様が共感するポイント説明

そこで私は、自分の接客の内容を改善しようと思い、まずお客様の話を聞き出して、ポ

イントとなる機能を二つだけに絞って紹介するようにしました。そのポイントは、お客様が何を求めているのかをよく聞くことで選びます。

そうすると、お客様が購入を決めそうだなと思う前に、お客様のほうから、「この商品に決めるわ」と言っていただけるケースが増えてきました。

必要以上に商品の特徴を伝えても、お客様が必要としている機能・共感を得られるポイントと重ならないと、「考えてくるよ」と帰られてしまうことがわかりました。

私は、売れないプレッシャーから、お客様にとって必要のない説明を一所懸命、自己中心的にしていたのです。お客様の返答も聞かず、いかにも「買ってくれモード」で説明していたのです。

お客様のほうも、まだ決め切れていないときに押されると、「考えてくるよ」と言いがちです。販売員が売る気満々だと引いてしまうのです。

◉売れないときには売らない

お客様に共感してもらえる材料を会話の中で用意したうえで、お客様の使い勝手と用途を一緒になって考えてあげることが大切です。

「一所懸命、自分のためにいろいろと教えてくれたから、これに決めるよ」とお客様に言ってもらえるクロージングが、売れているときはできていました。売れないプレッシャーが続いているときは、そのことを忘れてしまうのです。

売れないときこそ、お客様に気楽に紹介するような気持ちで、自然に対応することが一番です。**「売ることを忘れて」お客様に質問を投げかけ、お客様の話を聞く**ことが重要です。

売れないときこそ、お客様の気持ちに共感することです。商品を紹介する気持ちでお客様に対応すると、お客様のほうから購入したいと言ってくれます。

無理やり売ろうとすると、お客様は寄りつかない

1-8 接客の内容がマンネリ化して売れない

◉売れないからマンネリ化する

お客様はそれぞれ求めているものが違うのに、誰にも同じような説明をして、変化のない接客をしているようなことはないでしょうか？　私も、客層や使用用途が違うのに、いつも商品機能を同じように説明していた時期があります。

自分の接客内容を見直さずに、売れなければ売れないほど、マンネリ化した行動が増えていきました。自分自身でマンネリ化していることに気がつかなかったのです。「いつでも誰にでも、同じ説明をしている」と同僚から指摘されたこともありました。

売れなくなると、まず接客の内容が単調になってきます。また、取っつきやすい客層ばかりに接客につき、苦手な客層に行かないことも、マンネリ行動のひとつです。お客様から呼ばれないと行かないことも、典型的なマンネリ行動です。

話すスピードも、若い人・年配の人かまわず早口になっています。

◉「なぜ売れたのか」「なぜ売れなかったのか」

こうしたマンネリ化を防ぐにはどうしたらいいのでしょうか。私の場合、マンネリ化を防ぐために、**何パターンかのレパートリーを持って接客に入る**ように心がけています。また、お客様から聞き出す内容の順番を変えたりもします。

売れないときに改善策をいろいろ考えて、行動を変えてたしかめた結果からです。そのために自分なりに接客の内容を分析してみました。

接客内容が、いつもただお客様の話を聞いて意見交換をするだけで、**商品そのものに触っていただいたり、実際に操作性を体感してもらう**こともしていなかった、と反省したこともあります。

その対応策として、立ち話ではなく、イスに座っていただいたり、室外に出て実際に撮影を体感してもらったりしました。

商品が売れた場合・売れなかった場合を比較して、接客の最初からどの行動がよくて、どの接客内容がダメだったのか、を確認するようにしました。そのつど自分で確認することで、少しずつ改善の内容が見えてきます。

私は商品が売れたとき、図々しい話ですが、お客様に、「どこの説明がよくて買うことを決めてくれたのか?」と聞いたことがあります。また、お客様が商品を決めきれずに、検討して再来店することを約束してくれたとき、「今日決まらなかった理由は何か」を細かくお客様に聞いたりしました。

◉当たり前にやっていることに疑問を持つ

買っていただけなかった理由をはっきりと聞くことで、自分自身の接客内容の改善につながります。お客様が帰られた後、自分で仮説を立てて考えるよりは、お客様に直接、聞けるなら、そうしたほうが次の接客において有効な情報になります。

「買うかどうか、妻と相談してくる」「もっと別の商品を他店で見てみたい」「買うに当たって予算を考えてくる」「もう一度検討してくる」……そんな言葉を聞くより、お客様に直接、具体的な理由を尋ねることで、お客様の本音を聞くことができます。そしてそれが、自分の接客の反省材料にもなることがわかりました。

自分の接客フォームを自己分析して見直すことで、マンネリに陥ることもなくなります。「接客が単調だな」と思ったら、一度接客のはじめからお客様とのやりとりの内容を確認してみると、改良できるところが見えてきます。

「当たり前にやっていることを疑問に思って自分で点検する」。このような行動が、自分のマンネリ化した行動を打破することにつながります。

商品が売れたときも売れなかったときも、自分の接客の内容を点検することで、改善すべき内容が見えてきます。

自分の接客行動を最初から分析してみる

「売る前の対応」「今売ろうとしている対応」「売った後の対応」

売る前の対応

◎身だしなみのチェックも含め、清潔とさわやかさに細心の注意を払います。
◎私の仕事場での服装は、基本的にはアメカジ中心でジーンズですが、汚い・くさいはアウトです。
◎お客様を気持ちよく迎えられるように、朝礼・ミーティングを行ない、また日中声がしっかり出るように、約10分、全スタッフで挨拶・社訓の唱和をしています。
◎商品・棚・備品・店内は、常に快適な清潔さを保つように、「整理・整頓・清掃・清潔・しつけ」の5Sを欠かさず行なっています。
◎朝礼・ミーティング・終礼などで、接客のシミュレーションをしています。

今売ろうとしている対応

◎いつも笑顔で、お客様が来店したら挨拶と会釈をしっかりします。
◎店はステージなので、常にステージに立っていることを意識して、休みのときよりもおしゃれな服装で対応しています。
◎いつも積極的にお客様の目を見て応対します。
◎お客様のところに向かうときは、3歩以上駆け足で機敏な動きを演出します。
◎お客様との対話は、大事な友達と話している感覚で、一番の丁寧語を使います。
◎店頭では販売員同士でも、必ずきちんとした言葉遣いを守ります。
◎電話の応対は、呼び出し音3回以内に、「こんにちは、サトーカメラ○○店の○○です」と笑顔で電話を取ります。
◎お客様の意図を理解して、目的を達成していただくために最大限の努力をします。

売った後の対応

◎カメラを販売したときは、買っていただいた日から2週間後に、カメラと撮影されたデータも持って再来店していただき、買った後のフォローをします。
◎購入の1週間後に販売したスタッフがお客様に電話をして、お礼と購入後の使用感などをお聞きします。
◎再来店していただいたときは、カメラの点検・クリーニング・お客様が撮影された写真のアドバイス等を行ない、気持ちよく店に通っていただけるように努めます。

2章

なぜ壁にぶつかってしまうのか?

2-1 商品知識が広がらないのはなぜか

◉絶えず登場してくる新商品

商品を販売するうえで、取り扱っている商品の数が多くなるほど、それぞれの商品の性能・機能など、覚えることも多くなります。そのため、常に商品知識を吸収していかないと、販売に苦戦することになります。

また最近は情報源も豊富で、お客様も十分に商品知識を持っているので、それに対応できる知識を身につけていないと接客できません。つまり、**絶えず勉強する姿勢**を持っていないと、次から次に出てくる新商品に取り残されてしまうのです。

私が取り扱っている商品はカメラで、入社当時はフィルム、コンパクトカメラ、一眼レフカメラ、ビデオカメラといった商品がありました。現在は、デジタルコンパクトカメラ、デジタル一眼レフカメラ、デジタルビデオカメラなどが主流です。

まずはこうした商品の機能・性能についての用語がわからないと、お客様に説明することもできません。入社当時は、「商品がわかる人と代わってください」とお客様に言われて悔しい思いをしたこともあります。

◉どんな商品知識が必要か

商品の機能・性能についての用語を覚えただけでは、接客するのに十分とは言えません。**実際の効果や使い方までをしっかり把握**していないと、「商品知識がある」とは言えないと、店頭にいるとつくづく感じます。これは、お客様の生活用途に合わせた商品を紹介するための必要条件です。

しかし、何もすべてを頭に叩き込む必要はなく、カタログなど見てその機能の使い途・用途がしっかり説明できれば、十分にお客様に対応できます。

商品知識としては、カメラ本体の性能・機能だけでなく、撮影場所・撮影方法なども必要になります。私の場合は、撮影場所などは、カメラ雑誌で学んだり、お客様が撮影された場所を教えてもらって覚えました。

撮影方法も、本や雑誌で勉強もしますが、本や雑誌では得られない生の体験は、お客様にお聞きして、また自分で実践して吸収していきました。こうしたお客様とのコミュニケーションは、「商品知識の広がりの壁」を乗り越えるための処方箋になると思います。

自分で実践してみると、商品性能として頭で覚えるのと、本当に理解することは違うということがよくわかります。

◉商品知識を有効に活かす

商品の機能・性能について説明するには、「実際にどんな用途のときに有効なのか」を知っていなければ役に立ちません。

デジタル一眼レフカメラで、「ペンタックスＫ‐５Ⅱｓ」という中級機以上の機種があります。私の会社のある支店の店長は、新米パパであるお客様が、「自分の生まれたばかりの子供を撮りたい」という話を聞き、このペンタックスＫ‐５Ⅱｓを推薦しました。

店長はそのために、このカメラの性能・特徴を調べつくしたのです。

この機種を推薦する理由として、お客様が赤ちゃんを室内で撮影することが多いと思われるため、シャッター音が静かで、寝顔が上手に撮れる旨を伝えました。室内の暗いところでも非常にきれいに撮影できます。

また、「ピントが合うのも速く、きれいに撮れます」と紹介することでお客様に共感していただき、ご購入していただいたそうです。

◉商品知識があれば、お客様が喜ぶ提案ができる

お客様の用途にぴったりの機能を、実生活のシーンをイメージして共感してもらえると、大きな説得力になります。そのためには、実際にお客様が撮影している雰囲気を感じてもらうことが大切です。

どんなに優れた商品でも、販売員がお客様にそのよささを伝えられなければ、紹介するという行為も無意味になってしまいます。商品知識とは、商品の性能・機能を覚えるのが大事なのではなく、**その商品の特徴をいかにお客様の用途につなげるか**が大事なのです。

お客様の喜ぶ提案ができることが、本当の意味で商品知識があるということなのです。

私は常に商品を覚えるときは、お客様の生活用途を考えながら、どの内容がぴったりなのかをイメージしながら勉強してきました。

お客様が喜ぶ提案ができることが本当の商品知識

2-2 商品が主観的にあまり好きではない

◉知れば知るほど好きになる

新人のときは商品に自分の好き嫌いを交えず、一所懸命に販売していました。しかし、少し販売に慣れてくると自分の主観が入り、商品の外観だけを見て文句を言ったりして、好んで販売することができない時期がありました。

みなさんもそういった経験はありませんか？　たとえばデジタルコンパクトカメラで言えば、「こんなにサイズが大きいと売れないよね」と感じたり、「デザインがちょっと厳しいよね」とか、自分の浅い考えだけで商品を判断している人はいませんか？

前にも述べたように、私の場合、そんな自分の先入観を排除するために、その商品を徹底的に調べ、カメラのサイズが大きな理由、このようなデザインになった理由、細かい機能・性能をとことん調べ、**その商品の長所を調べつくします**。

先ほどのサイズが大きいと思ったことも、調べてみると光学20倍ズームのカメラでは一番小さいサイズだったり、撮影時に手ブレを防ぐグリップがついているという特徴がありました。

調べれば調べるほど、その商品のお薦めポイントがわかり、商品に愛着がわいてきて好きになってくることがわかりました。それでも商品が気に入らないときは、まだまだその商品の長所に気づいていないと思い、さらにくわしく調べます。

今では同僚が同じような症状に陥っているときは、この処方箋を紹介し、自分が気に入るまでとことん商品を調べることを薦めています。

◉いかに自分の主観が当てにならないか

デザインにしても、「このデザイン、なんかダサいよね」と一目見ただけで同僚に言ったりすることがありますが、よくよくメーカーに聞いたり調べてみると、「何でこのような形になったか」の理由がわかり、そのデザインに感心する場合があります。

ある防水デジカメの新製品が発売されたとき、前モデルより大きいボディサイズになったことで、正直なところ、「改悪じゃないかな。これで売れるのかな」と思ったことがあります。しかし調べてみると、このタイプの機種はアウトドアで使用されたり、工事現場での撮影に使われることが多いことがわかりました。撮影者が手袋をしたまま撮影できればという要望もあり、ホールディング性をよくするために大きくつくられたこともわかりました。

今回の新モデルのサイズが大きくなったことは、商品をアピールするうえでの一番のポイントとなるかもしれません。

◉新しい商品に切り替えるときは要注意

とにかく自分の主観で商品を見て、イメージが悪いと思ったときは、その商品をとことん調べてみましょう。新商品が出るということは、必ず改良点があるはずです。**商品を客観的に理解する**ことで、商品のよさ・価値が見えてきます。

商品を表面的に捉えるのではなく、メーカー・開発者などの製品への思いなどを聞き、商品の特徴を理解することで、お客様への提案にも力が入ります。

自分がどれだけ、その商品を納得して売ることができるかどうかで、実績にも大きく影響してきます。

3〜6ヶ月にわたって販売していた商品から、新しい商品に切り替えるときは、とくに新しく売る商品について隅々まで内容を調べないと、自分の主観・先入観が入って販売を鈍らせてしまう場合があります。

商品には生産者の思いが詰まっている

2-3 商品の短所ばかりを見てしまう

◉本当の長所は何か

私がある支店の店長をしていたとき、こんな出来事がありました。

コンパクトデジカメの新製品が入荷したとき、商品を見ていた新人が、私にこう言ってきたのです。

「このデジカメは起動が少し遅いし、デザインもあまり好きじゃない」

私は、「商品の短所ばかり見ないで、長所は何なのか二人で調べよう」と新人に言い、商品の特徴を調べはじめました。徹底的にその商品の性能・機能など調べ、別の機種とも実際に撮り比べて、商品の一番の特徴である、写り・解像度を比較してみました。

結果は、他の機種の2倍以上、画質がきれいでした。色合いもよく、新人も、「すごいですね、このコンパクトデジカメは」と目をキラキラさせて私に近寄ってきました。デジカメの価値は「写り」です。細かい短所ばかり見ていると長所が発見できず、本来のよいところを評価できない心の狭い人間になってしまうことを、私も新人と一緒に学びました。

新人はその後、このコンパクトデジカメを社内で一番販売するようになりました。

◉短所が最大の長所?

私が彼と一緒に行動し、カメラを調べたことで、新人の私への信用も高くなりました。商品も人も、短所をさがすのではなく、徹底的に長所を見つけ出すことを心がけると、商品の特徴がわかり、人の内面的なところも理解できるようになります。

あるコンパクトデジカメは、シャッターを切ると、自動的にメモリーカードに読み込み、記録されるようになっていますが、その読み込み時間が長く、レスポンスが悪いなあと思ったことがありました。

しかし、よくよく調べるとそれは最新型の機能で、撮影した画像を読み込んでいるときに、手振れなどを補正したり、高画素にしていることがわかりました。

この、「ちょっと読み込みが遅い」ということも、その内容をしっかりお客様に伝えることで、**短所に見えた内容が商品の最大の長所**に変わります。

とにかく自分で疑問に思ったことは、とことん調べることでいろいろな発見があります。商品も人も短所の裏返しが長所であり、短所だと思っていたことが実は最大の長所である場合もあるのです。


短所ばかりを見ていると本来の姿が見えなくなる

2-4 お客様のイメージを膨らませる引き出しが少ない

◉お客様はその商品で何をしたいのか

新人のころ、商品について覚えていくうえで、機能・性能は覚えられても、お客様に実際の使用感がなかなか伝えられなくて接客で困ったことが何回もありました。

私は入社当時は子供がおらず、実際に子供を対象にして撮影をしたことがありませんでした。ですから、どんな感じで撮影したら上手に撮れるのか、お客様をリードするときのイメージがわかず苦戦しました。

そこで対処法としては、先輩や店長など、子供さんがいる人に効果的な撮影の仕方を聞いたり、お客様に直接伺ったり、撮影方法の本などを見たりして、お客様に実際に撮影しているイメージをしてもらいやすいようにしました。

お客様に商品を使用しているイメージ持ってもらえないと、どんなに性能のよいカメラを紹介しても、ただカメラの機能を説明するだけの店員になってしまいます。

購入後の撮影シーンや実際の撮影技術など、使用方法をしっかり提案して、お客様が満足して使いこなすまで面倒を見てあげられないのは、単なる商品説明員です。

◉お客様のそれぞれのイメージを膨らませる

もうひとつのカメラの使用事例としては、撮影スポットというテーマがあります。

カメラを購入する目的は、お客様にとっていろいろあるでしょう。家族のスナップ写真が撮りたい人、子供の記録を残したい人、旅行の記念写真を撮りたい人、日常のシーンを撮りたい人など、様々でしょう。

実際、お客様はいろいろな場所で撮影をしてきます。しかし新人だった私は、撮影スポット・撮影方法の引き出しが少なくて、自分から紹介することができませんでした。

そのための対策としては、お客様が撮影されてきた写真を見せていただいて、いろいろ話を聞いたり本で調べたりして、お客様にイメージさせる自分の引き出しの数を増やしていくようにしました。

お客様にカメラの使用感をイメージさせる、情報の引き出しは急に増やすことはできません。お客様から個人的な情報を教えていただいたり、自分で雑誌や本で勉強して、お客様への提案内容をひとつずつ増やしていくしかありません。

お客様に**商品を自分のものにした満足感をイメージしてもらう**には、まず商品の特徴を調べ、その特徴がお客様の生活のどのシーンで一番活躍できるかを、お客様の使用用途に当てはめて考えてあげることがポイントです。お客様が使用感をイメージできれば、商品の購買欲はどんどん上がっていくでしょう。

お客様は、この商品を買うと、**自分はこんなことができる**という楽しみのイメージが膨らんでいきます。その商品を早く使ってみたいと思い、夢も膨らみます。

お客様に商品をどれだけ欲しくさせることができるかは、商品を自分のものにする楽しみをイメージさせてあげることが一番重要だと思います。

お客様が商品を購入するのは自分の夢を満足させるため

2-5 ワンパターンの接客から抜け出せない

◉「何かおさがしですか？」

前にも書きましたが、プライベートで買い物に行くと、どのような業種の店でも、決まってはじめに、「何かおさがしですか？」と言う接客をしている販売員がいます。そんなとき私は、「ぜんぜんさがしてないよ。放っておいてくれよ」といつも思います。

あなたは、お客様との応対に入るとき、いつも同じ言葉で、いつも同じ姿勢で接していませんか？　それでお客様はあいまいに言葉をにごして、あなたから離れていってしまう。

そんな経験はありませんか？

私も新人のころは、どんなお客様が来ても同じような入り方で入り、気がつけば何となく断わられるという経験を何度もしました。

それがくやしくていろいろ勉強し、**お客様が何を求めているのか**をさがし出すように心がけるようになりました。

◉お客様の求めている用途は何か

私の場合はカメラ屋なので、接客の入口としては、「今どういったデジカメをお使いですか？」とか、「ふだん撮られる写真は何がメインですか？」と、お薦めの商品を軽く紹介しながらお客様の用途などを聞き出し、話を進めていきます。

たとえば、最近のコンパクトデジカメの〝売り〟の機能としては、「光学20倍ズーム」「秒間10コマの高速連写」「花などがきれいに撮れるマクロ近接撮影」などがあります。

しかし、どのお客様にも「光学20倍ズーム」を紹介しても、共感してくれるお客様もいれば、まったく興味を持ってくれないお客様もいます。いつも同じ言葉でワンパターンの接客をしていると、求めているものがそれぞれ違うお客様に、みな一様に興味を持ってもらうことはできません。

自分で花を育てている人には、近接撮影の機能を紹介したり、子供さんの運動会の写真を撮りたいというお客様には連写の特徴を紹介したりと、接客するお客様の用途にぴったりの機能を紹介していかないと、上辺だけの応対になってしまいます。自分が求めていることを真剣に考えてくれない販売員には、お客様も、「じゃあ、また来てみるよ」という反応をしてしまうでしょう。

◉どこをどう改善すればいいのか

では自分の接客がワンパターンになっていないか、どうすればたしかめられるでしょうか。お客様の反応が悪いのに、同じような接客をくり返していては、成績が上がるわけがありません。

私の場合は、ワンパターンになっているなと思ったときは、紹介した内容の「どの部分が一番関心・興味を引いたのか」をお客様に直接お聞きして確認することもあります。ワンパターンの行動の中にも、口先だけの説明になっているときもあるし、「こういうお客様にはこう」と、**勝手に自分で判断している**こともあるからです。

ワンパターンの接客にならないように、実際に商品を手に取って試してもらいながら特徴を紹介して、**自分がお客様に商品を紹介する過程を確認する**こともあります。また、そのお客様に一番わかりやすい具体的な例を出して説明するようにしています。

そして、自分だけが常にしゃべっているような接客にならないように、**お客様が自ら話してくれるように**心がけています。

接客しているお客様はすべて違うわけですから、「お客様の用途や生活観などを聞いたうえで対応する」「お客様に紹介してあげるともっとも喜ばれる商品の使い勝手を教えるようにする」といったことを頭に置いていると、ワンパターンにならずに新鮮な接客ができるようになります。

そして毎回接客した後、「お客様にとってどの内容が一番よかったのか？」「お客様はどんな言葉や接客姿勢にもっとも反応したか」「どこをどう改善すればさらに喜んでいただけたのか？」を振り返ることが必要です。

お客様はひとりひとりみな違い、接客も毎回毎回違う

2-6 お客様にわかるように説明できない

◉マシンガントークは売れない販売員の典型

お客様に商品の特徴・性能・使い勝手などをとうとうと説明していると、気持ちがよく、気がつくと自分だけが長々と話をしていた、ということはありませんか？　お客様にはまったく話させず、立たせっぱなしです。

売れない販売員の典型で、マシンガントークの炸裂です。

「自分の話した内容をどう感じているのか？」とお客様の反応を確認したり、コンパクトデジカメを、「何に使うのか？」「誰が使うのか？」「どのような用途に使うか」などを聞いて、その状況に合った情報をお客様に伝えてあげなければ、お客様があなたから買ってくれることはないでしょう。

お客様に質問を投げて返答を聞き、情報のキャッチボールをしながら接客していかないと、お客様の要望が何もわからないし、お客様が何に興味を持っているのかもわからないで接客していることになります。

接客中に、「今自分は、マシンガントークをしていないか」どうか、確認しながらお客様に対応すると、一方的な説明から脱皮できるようになります。

◉「説明がぜんぜんわからない」

私の店でこんな事例がありました。

副店長が、お客様である30代のママに一所懸命デジタル一眼レフを紹介して、交換レンズも何本か持ってきて紹介していたら、突然お客様が、「ちょっと考えてまた来店します」と言って副店長から離れていきました。

帰られるときに、私がそっと呼び止めてお客様に伺ったところ、「あれもこれもいっぱい説明するので、何を言っているのかぜんぜんわからなかった」と言うのです。そこで私がひとつずつ整理して、お客様にわかるように説明し直したら、お客様はデジタル一眼レフを買って帰られました。

販売員とお客様の認識にずれがあったのです。販売員は一所懸命説明したつもりでいます。しかし、最後まで一方的に商品を紹介しているだけで、内容を理解しているか、途中でお客様に確認していません。お客様はわからないことをたくさん言われ、とまどうばかりです。

お客様にいろいろ紹介したい気持ちはわかりますが、「情報が正しく伝わっているかどうか」確認しながら接客しないと、お客様も混乱してしまいます。せっかく購入を検討していても、説明を聞いて、逆に**むずかしくて自分には使えないと思ってしまう**こともあります。こうなると説明は逆効果です。

販売員が一方的にするマシンガントークは、まったくお客様のことを見ていないし、お客様の気持ちや考えを察していない証拠です。一方的な説明にならないように、自分の説明が終わったら、ひとつずつお客様に確認していくことが大切です。

説明が理解できないと操作もむずかしいと思ってしまう

2-7 機能の説明だけでは買ってもらえない

◉20倍ズームならスタートの瞬間を撮影できる

お客様に商品を紹介するとき、性能や機能・特徴などのスペックの説明だけしても、使用したときのイメージを明確にできないと、なかなか購入してもらえません。

たとえばコンパクトデジカメをお客様に紹介する場合、「このカメラは光学20倍でズーム望遠がすごいんです」と紹介してもお客様に通じません。20倍ズームのすごさを実際に外でお客様に撮影してもらったり、見本写真を見せたりしないと、まったくそのすごさがイメージできないのです。

実際にお客様が子供さんの運動会の写真を撮るときに、20倍のズームだと徒競走など、ゴール地点からばっちりスタートの瞬間の撮影ができます。「スタートの迫力のある写真も、移動せずにアップの表情が撮れますよ」といった説明をすることで、はじめてお客様も実際の使用イメージが浮かびます。

また、実際にお客様にカメラを使用してもらうことで、「私にも簡単に扱える」という気持ちになります。

◉機能とお客様の用途をマッチさせる

お客様はカメラのスペックを知りたいのではなく、「このデジカメを買うことで、わが子のがんばっている躍動感がある写真が撮れる」ということを求めているのです。カメラの特徴を、いかにお客様の使用イメージに重ねられるか、それをどう説明して、どう実体験してもらうかが、接客のポイントだとどんどん気づくようになりました。

とにかく自分の扱っている商品の特徴が、**お客様のどんな用途に一番ぴったり合うか**を考えて接客する。機能と用途をぴったりマッチさせてあげることが商品を紹介する第一だと思います。

お客様は、「子供の元気な姿を撮りたい」「自分の育てている花をきれいに撮りたい」「旅の楽しい思い出を残したい」と考えています。そんなお客様が実際に生活している中での使用感を、買う前にどれだけ具体的に伝えられるかが一番のポイントだと考え、私は説明しています。

お客様がイメージできる使用の事例をあげることで、商品を購入することが楽しみになってくださることがベストだと思います。

お客様は商品の機能を知りたいのではなく、何ができるかを知りたい

2-8 商品を自信を持って薦められない

◉特徴がわかれば愛着もわく

ある支店のO君というスタッフは、コンパクトデジカメの「ペンタックスＲＺ18」という商品にめっぽうくわしくて、販売実績も好調でした。しかしＲＺ18は生産終了になってしまいました。

その後、「ＶＳ20」という商品を扱うことになったのですが、「販売状況はどう？」と聞いてみると、

「ＲＺ18は**特徴も把握していたのでお客様に薦めやすかった**のですが、ＶＳ20はまだ特

徴がよくわからなくて、自信を持ってお客様にお薦めできなくて売れません」という答えです。

私はO君に、「お客様に完璧に説明できるように徹底的にVS20の特徴を調べて欲しい。また後で特徴を聞くから」と店頭を後にしました。

O君はVS20を自分なりに長所も短所も調べつくしました。調べていくうちにVS20という商品に愛着がわいてきて、それ以降、O君は会社でも1・2位を争うほどVS20の販売実績を残しています。

◉売れると好循環の波に乗る

商品の最大のポイント・特徴をつかめきれてないと、お客様に自信を持って薦めることができません。しかし、とことん自分の力で商品を調べ、その特徴をお客様の用途にはめ込んで売れると、どんどん元気が出てきます。

さらに買っていただいたお客様が再来店して、「この間紹介してくれて買った商品だけど、使ってみたらよかったよ」とお客様にほめられると、元気が倍増します。実際に使ってくれているお**客様の生の情報を次のお客様に伝える**と、さらに売れるようになります。

とにかく売れないで悩んでいるときは、自分が納得いくまで商品の隅の隅まで徹底的に調べつくすと、商品の特徴もわかって、自信を持って説明できるようになります。

特徴をつかんで自信を持って売ると実績が上がり、さらに自信がつく

2-9 店長とことごとく意見がぶつかる

◉独りよがりでいるうちは相手を理解できない

私は新人のとき、店長と意見が合わず、しょっちゅう店長とぶつかっていました。

私は、気合とか根性でやれというのでは動かないタイプでした。販売の理由などを含めて自分が納得できないと動かない性格なので、当時の店長から、ただ「やりましょう」と言われても、なぜやるのか、主旨とか理由をはっきりと明確にしてもらわないと動くことができず、店長に食ってかかったときもありました。

今振り返ると、「店長が業務について納得のいく説明をしてくれない」と、自分が動かないことを店長のせいにしていたのかもしれません。店長が実施しようとしていることの表面だけを見て反発して動かないでいたことは、自分に原因があったことに後から気がつきました。

口ベタで表現することがあまりうまくない上司だったら、自分から言いたいことを察して、**まず相手の主張を受容してから、自分の意見を伝える**ことが大切です。「いつも自分の意見が正しい」と独りよがりでいるうちは、いつになっても相手が見えてきません。

◉自分に原因がある

私が店長になったとき、小利口な大卒の新人が入ってきました。私が入社したてのとき、上司の言うことを聞かない典型だったように、この新人も当時の私と同じような感じでした。

そこで私は一計を案じました。店頭で富士フイルムのデジカメを販売するとき、私は新人の彼と一緒になって、商品の特徴を細かいところまで調べ、テスト撮影をして他社のデジカメと詳細に比較したのです。そのことでこの新人は、はじめて店長である私のことを認め、受容してくれた感じがしました。

私が新人だったときは、店長を認めていなかったのでしょう。店長を受容する力が足りず、相手を受け入れる姿勢も足りなかったのだと思います。

相手に疑問を感じたときは、まず**自分に原因がある**と考えると相手が見えてきます。

接客や商品のことなどでわからないときは、もちろんまず自分で調べることが大事です。しかし、どうしてもわからないときは、**素直に店長や先輩に聞いて吸収していく**ことが一番の勉強になります。

◉店長は自分のために使え

私が店長になったとき、部下が何回も同じようなことを聞いてくるので、「またそんなこと聞きにきたのか」と言ったことがありました。

それ以来、その部下があまり自分のところに相談にこなくなったので本人に聞いてみたところ、「店長には聞きづらくなっていました」と言われたのです。それから私は、不用意なひと言を反省し、自然に何度でも相談にきてもらえるような体制をとるように改善していきました。

わからないことは、よけいな気を使わず店長に何でも聞いて、どんどん店長から吸収したほうが自分のためになります。今、本書を読んでいる人も、気を使って店長に相談することを躊躇している人がいたら、今日からどんどん店長にぶつかっていったほうがいい結果が出るでしょう。

言葉は悪いですが、自分が成長するために店長をうまく使って店長の強みをもらい、自分の弱点を補っていくことが、上手な店長とのつき合い方だと思います。

店長は利用するためにいる

2-10 先輩からの指摘が素直に聞けない

◉先輩の指摘に反発する感情

入社当時は、店長に反発することもありましたが、先輩が教えてくれることは、できるだけ何でも素直に聞いて吸収するようにしていました。

しかし、ある程度時間がたつと、自分なりに仕事にも慣れて、自己流のやり方も少しずつ身につけて行動するようになります。

そうなると先輩から、「こうしたほうがいいよ」と指導を受けても、素直に聞ける場合と、頭ではわかっていても素直に聞けない場合がありました。「先輩から店長のような指摘を受けたくない」と思い、その指摘をしてくれる先輩自身が、「指摘した内容がしっかりできているのか？」と疑問に思ったりしました。

そのように、先輩の忠告に反発するようになってしまった自分がいたのです。

今思うと、相手が自分のことを考えて指摘してくれ、直したほうがもっとよくなるよと教えてくれているにもかかわらず、仕事に慣れてきたこともあり、「よけいなことを指摘された」「ムッとすることを言われた」と受け止め、反発する感情が生まれたのかもしれません。

「お客様がきているから接客に行くように」と言われても、「お客様がきていることなんかわかっているよ。今、タイミングを見ているところなのに」と、素直に聞けない自分がいました。接客してお客様に帰られてしまった後、先輩から接客の改善案をアドバイスしてもらっても、自分でもわかっていながら素直に聞けないのです。

当時はわかっているようで、本当はわかっていなかったのです。先輩のアドバイスを叱責のように受け取っていたのかもしれません。

◉指摘されたことはまず受け入れる

人のアドバイスが素直に聞けるようになると、スキルも考え方も成長します。しかし自分自身のためになることも、当時は素直に聞けずにいました。とくに私の場合は、女性の先輩に指摘されると、よけいに素直に聞けないことがありました。今考えてみると、ものすごく仕事ができる先輩なのに、自分の勝手な価値観で、「女に言われたくない」という小さな人間でした。

私は新人のころ、繁忙期の1日に同じカメラを15台、販売したことがあります。しかしカメラは売れても、会計処理がまだできず、先輩に会計をお願いしていました。

そんなとき、女性の先輩にガツンとやられました。会計をお願いして休憩に入り、勝利の一服とばかりにタバコを吸っていて先輩に怒鳴られたのです。

「あんたの代わりに私が会計をしてあげているのに、何であんたはタバコなんか吸っているのよ」

先輩に怒られて、「先輩や同僚がいて何とか自分も仕事をこなせているのだ」と、ものすごく感じた瞬間でした。それ以来、人にお願いしておいて、自分は一服するような行動はもちろんなくなりました。

今いろいろ考えてみると、先輩の指摘や指導の内容が適切だったからこそ、痛いところを突かれた思いで素直になれなかったのでしょう。

この対策のポイントは、「相手の言い方」はどうでもいいのです。**「相手が何でそこまで言っているのか、をまず一番に考える」「指摘をされたことを素直に受容する」「指摘される自分自身の原因をさぐる」**。そこまで考えると、逆切れをしている時間などないはずです。

とにかく、まず自分に落ち度があることをきっぱり受け入れることが重要です。そこからどう改善するかが、自分を変える第一歩です。

自分に落ち度があるから先輩から指摘される

2-11 お客様の心のうちがわかっていない

◉クロージングをあせっていた

私はせっかちな性格なので、だらだら接客することが苦手です。接客するときは、お客様の用途や使い勝手の要望を聞き出し、それに合った商品を提案していくのがいいことはわかっていたのですが、今思うと、まだ自分の紹介する内容では浅く、お客様が買いたいと思うところまで至らないことが多かったようです。

しかし、自分では早く売りたいという気持ちでいっぱいでした。そんな「早く買って早く買って」という気持ちがお客様に伝わり、「もっとゆっくり検討させて」とか、「君の言うことはわかるけど、もっと納得できないと買わないよ」と言われたこともありました。

自分の都合でクロージングをあせり、お客様に「検討してきます」と帰られたことも一度や二度ではありません。そんなお客様の対応を受けても、「これだけ説明して何でお客様は買わないのかな」と思っていました。

◉お客様とひとつの心になる

お客様の側になってみれば、「まだ買いたいという気持ちになっていない」「他のものとも比較して検討したい」「家族に相談したい」などと思っていたのでしょう。

今ならお客様の反応を見て、自分の接客の内容を点検できるようになりましたが、新人のころは**お客様の心を見ての接客**ができなかったのです。

「自分の接客をいかに客観的に見ることができるか」「どこをどう改善し、次につなげるか」をしないと、ただのやりっぱなしで、接客の質も上がりません。

接客では、「お客様に合ったアドバイスをして、いかにこの商品を使うことの喜びや楽しみを感じてもらうか」を考えないといけないのです。

いくらこちらが一所懸命に商品を売り込んでも、お客様の気持ちを理解できないと、お客様にも販売員の気持ちは伝わりません。お客様と販売員の心がひとつになってゴールしないと、購入していただいても、お客様には、「売りつけられた」という不満が残ったりします。

お客様は、自分の気持ちを察してくれる接客、自分のことを考えてしっかり対応してくれることを望んでいます。

お客様と心がひとつになってこそ満足していただける

私のコミュニケーション力・アップ法

PTAの役員として

子供が小・中学生のとき、私はPTAの副会長を5年間、会長を2年間務めました。私の会社では学校の卒業アルバムも扱っていましたから、本当の本音を言えば、「もしかして私の会社の商品を……」という気持ちがまったくなかったかと言えば、「神様・仏様に誓ってありませんでした」と自信を持って言い切ることはできません。ほんの小指の先ほどはそんな気持ちがあったことは、正直に認めます。

しかし、これは自信を持って言えるのですが、本当の私の気持ちは、ボランティアとして父兄の活動に協力したかったのです。PTAに参加しているお母さん達たちの気持ちや考えていることを知り、コミュニケーションが取りたかったということもあります。

PTAに参加しているお母さん達は、父兄のリーダーとも言える人達です。思ったことをズバズバ言ってくれます。私も子供の親として、まわりのお母さん達がどんなことを考えているのかを知りたかったのです。

子供のことを真剣に考えているので、遠慮をするということはありません。そういうお母さん達と議論をしていると、立場によっていろいろな考え方・捉え方があることを知り、男の私としては、様々な気づきがありました。

そういった意味ではPTAの役員を務めた7年間で、本当にたくさんの勉強をさせてもらいました。

これは蛇足ですが、7年間のこの経験を通して、私は会社の女子社員の気持ちが少しはわかるようになり、コミュニケーションも取れるようになったようです。

地域の集まりを通して

また、私が心がけて積極的に参加するようにしたのが地域の集まりです。

私の住んでいた地域では、年間を通してお祭りやいろいろな行事があります。そうした行事を催すために集まりがあります。

そこに参加するのは、多くは60代、70代の方です。長年いろいろな職種を経験してきた方達ばかりなので、その人達に混じって行事の準備や運営、また反省会（と言う打ち上げ会）に参加させていただくと、経験に裏打ちされたいろいろなお話を伺うことができ、会社ではわからない様々な世界があることを知ることができました。

3章

この接客で壁を乗り越えよう

3-1 とにかくお客様にぶつかり接客の数をこなせ

◉得意・苦手をつくらない

私は商品知識が特別あるわけでもなく、経験が豊富なわけでもない、平凡な販売員でした。しかし自分のやっていることを、自分以外の人に認めてもらいたいという気持ちが強く、とにかく目の前のお客様に数多く対応することで、成長できたと思っています。

会社に入りたてのころは、自分の得意なお客様・苦手なお客様などわからないので、怖いもの知らずの若さで突進して接客しました。しかし、接客に少し慣れてくると、苦手な感じのお客様には、自分から接客に行かず、お客様を選ぶような接客をするようになりました。

それで、こんなことではダメだと思い直し、心がけて得意なお客様、苦手なお客様を区別せずに接客に行くようにフォームを変えていきました。

お客様への接客の入口であるファーストタッチも、お客様が来店してすぐに接客についても、時間をかけて接客に入っても、断わられるときは一緒だと考え、来店されたらすぐに接客に入る態勢をとるようにしました。

◉いつの間にか必殺技が……

とにかく、店のスタッフの中で**一番に接客につき、お客様に対応する**ことが、自分を主張することだと考えたのです。徹底的に接客の数を増やし、店長や先輩のお客様にも自分を紹介してもらい、とことん自分という存在をアピールするようにしました。

お客様に真っ先にどんどん対応していくと、怒られることもあれば、ほめられることもあります。「お兄さんは一所懸命紹介してくれるから、買うつもりはなかったけど買っちゃった」とよく言われました。

接客の数を増やしていくと、失敗もたくさんしますが、改善しなくてはいけないことに自然に気がついたり、知らずに自分なりの接客の必殺技を身につけていたり、新たな自分を発見します。苦手だと思っていた客層が、**いつの間にか得意な客層に変わっていた**こともありました。

とにかく私は、目の前のお客様に体当りして接客の数を増やすことで、自己成長させていきました。接客の数を増やし、そのつど、自分なりによかったところはどこか、逆に足りなかったことは何なのか、を自分の手帳にメモしました。

◉接客内容を見直さないとスキルは上がらない

私は商品が売れたときも、喜んでいるだけではなく、**「何か足りないことはなかったか」**を毎回確認します。

10代のお客様から80代のお客様まで、すべての客層のお客様に接しながら、お客様への対応術を身につけていきました。自分がお客様に教えているようで、実は教えてもらうことのほうが多かったのです。

お客様の対応の数をいくら増やしても、**自分の接客内容を見直す**ことをしないと、改良がなく自分のスキルは上がりません。いろいろなお客様に対応することで、たくさんの気づきがあり、お客様に教えていただくことで、お客様に対応する幅も広がります。

私は、接客することを通して人間力を高めることができたと思います。十人十色のお客様に数多く接することで、接客のスキルはどんどん上がっていきます。

大事なことはみんなお客様が教えてくれる

3-2 商品の〝売り〟をとことん紹介しよう

◉商品の〝とがった特徴〟を売りにする

どんな商品にも必ず〝売り〟になるポイントがあります。

私の場合は、徹底的に商品を調べ、商品の売り・長所を三つ見つけます。そしてその**商品のとがった特徴・性能をお客様の用途別に考え、**お客様に合わせて商品の使い方を提案します。

たとえば、デジタルコンパクトカメラの最近の機能に、「顔認識機能」というものがあります。友達と旅行に行ってスナップ写真を撮るとき、人に頼んだりすると、昔のカメラだとピンボケになるケースが山ほどありました。しかし、この顔認識機能によって誰がシャッターを切っても、三人並んでいれば三人の顔に自動でピントが合い、失敗なく撮影ができます。さらに顔認識機能で、逆光で撮影をしたときでも、被写体が暗く写ってしまうのを自動補正してくれます。

こんな機能が実際の場面でどう使えるか、どんなに役に立つかをお客様に伝えることができれば、年配の方にも、きれいな写真が簡単に撮れることをわかってもらえます。撮影時の失敗してしまうシチュエーションが改善できることを教えてあげると、お客様は商品の優れている点をすぐに理解してくれます。

◉お客様のイメージできる機能を売る

まったく問題意識がなかったお客様も、その商品の特徴が、お客様が望んでいることだとわかると、商品が欲しくなり、「使ってみたい。買いたい」と、ころっと変わることが、接客を通じてわかるようになりました。

しかし、お客様によって求めている機能はそれぞれ違います。そこで自分の扱う商品の〝売り〟となる長所を三つ見つけるのです。そしてその長所を、それぞれのお客様の求める用途に合う使い方・提案内容などに当てはめて考えます。ひとつの商品の特徴を多面的に捉え、お客様の生活用途に当てはめて、お客様にその商品を使用している、使用感をイメージしてもらうということです。

お客様の使い勝手に一番ぴったりの提案をし、喜んでもらう。喜んでもらって購入していただいたお客様に購入後の使用感を伺い、さらに買ってよかったという実感を別のお客様に伝える。そのように商品のよさが広がっていくと、紹介して販売している自分も元気が出てうれしいものです。

何よりお客様に喜んでいただくことが一番うれしいことです。とにかくお客様に商品のお薦めポイントを三つ用意することです。

商品の売りを三つさがせば、お客様の要望に応えられる

3-3 商品の短所は販売員がつくっている?!

◉短所は販売員の思い込み?

商品を売るのに、長所を調べるのは当たり前ですが、長所だけのセールストークでは、今のお客様は納得してくれません。私も、「何だかうまいことばかり言ってる店員だな」とお客様に言われたことがありました。

それ以来、長所を徹底的に調べたあと、短所と思われる部分も徹底的に調べるようにしました。

あるデジカメが新発売されました。その当時は、新製品が発売されるたびに液晶画面が大きくなって、見やすい表示へと変わっていきました。

私が当時、販売していたデジカメは、主流のデジカメより液晶画面が小さいという特徴がありました。そこで私は、何でこのデジカメは画面が小さいのかを調べました。

その機種は液晶画面を大きくすることをやめ、動きのある被写体など液晶画面では追えないものを、覗いて撮影できるファインダーを搭載していました。

ファインダーで撮影の幅が広がり、短所と思えた小さな画面を越える効果があることがわかったのです。

表面だけで捉えると、どう考えても長所には見えないこともあります。しかし、深く調べて突き詰めていくと、実は短所と見えた性能が、最大の長所として再発見できる場合があります。以来私は、商品の短所に見える箇所も調べつくすことにしています。

◉売れない原因は販売員がつくっている

ある商品が発売されたとき、私はこれだと思い、その商品を徹底的に調べ、全店で販売する計画を立てました。

前述しましたが、その商品は通常のデジカメよりもサイズが大きく、私の会社のスタッフは、ボディが大きいと非難していました。しかし、光学20倍のものすごいズーム撮影ができます。しかも、このクラスの機種の中ではボディサイズが一番小さいことがわかったのです。

このボディサイズが、実際に撮影する場合に非常にホールディング性が高く、機能的であることがわかったことで、爆発的に売れはじめました。

短所だと思っていたことが長所に変わると、売るほうも、ものすごく薦めやすい商品に変わりします。

売る側の主観が、売れない原因をつくっているとも言えます。自分の主観・常識を超える価値観を確認するには、商品を徹底的に調べることが重要なポイントです。

どんな商品にも製作者の主張がある

3-4 自分をさらけ出してお客様に向き合おう

◉お客様に何でもさらけ出す

私は新人のころから、お客様に認めてもらいたいという気持ちで、お客様の前に商品をおいて一所懸命、接客してきました。そのときから商品を紹介するとともに、**自分の存在をお客様にアピールする**接客を自然としていました。

私の会社の販売スタイルは、店舗にお客様が来店される体制です。私はお客様につくと、ひとりひとりのお客様に自分の名刺を渡します。「写真のことカメラのこと、何でも私に聞いてください」と選挙活動のような挨拶を毎日していました。商品を通して徹底的にお客様に自分の存在を売り込む姿勢でいました。

お客様との会話の中でも、お客様の実生活の話を聞きながら、自分のリアルな生活についても恥ずかしがらずどんどん話していき、お客様との距離を近づけていきました。

仕事だから私生活の話はしないとか、商品のこと以外は話さないといった姿勢は、カチカチの自分の殻に閉じこもった接客です。話が面白くなければ、会話ははずみません。お客様に自分のことを打ち明けるから、お客様も心を許してくれます。

知り合い同士でも、まったく自分のことを話さない相手だと、何を考えているのかわかりません。共感したくても共感する材料が見えてきません。

自分のことを相手に伝え、相手も自分のことを伝えてくれるから会話が成り立ち、共感が生まれるのだと思います。

◉売場でも家庭でも自分は自分

お客様の話に共感するには、質問をしたり返答をしたり、とにかく自分の主張をする前に、お客様の話をとことん聞くことです。それがお客様との距離を縮める方法だと思います。お客様の話を聞くことでお客様のことが少しずつわかってきます。

私は商品を通して自分のことをわかってもらい、とことんお客様に入り込むことを心がけてきました。それでも新人のころは、接客は接客、自分の生活は生活と分けて考えていました。しかし、**接客している自分も私生活での自分も一緒**という考えになってからは、お客様にありのままの自分を見てもらおうと思うようになりました。

現在、お客様によっては、自分の生活上の悩みを相談したり、お客様と販売員という関係を超えて、10年以上、家族づき合いをさせていただいている方も多数おられます。

店で働いている自分も、私生活での自分も同じと考えるようになってからは、接客の幅が広がったような気がします。

お客様のことばかり聞き出して、自分のことは一切表に出さない接客では、ロボットが応対しているような接客だと思います。自分が生活している中での商品の使用感などをどんどんお客様に伝えることで、お客様にリアルに共感してもらえ、お客様との距離が縮まることがわかりました。

自分をお客様にさらけ出すということが、一番相手に心が伝わるポイントだということも学びました。

自分をさらけ出せばお客様も心を開いてくれる

3-5 お客様の名前と顔を徹底的に覚えよう

◉再来店時には必ずお名前で呼ぶ

私はお客様の名前と顔を覚えることを徹底的にやりました。

私の店では写真プリントの依頼は、お客様の名前や電話番号を受付で聞いて対応に当たります。その受付の際、「○○様ですね」と言うと、お客様にものすごく喜んでいただけます。

「自分のことを覚えてくれていてうれしい」とよく言ってもらいました。

私は、プリントの受け取りに再来店したお客様に、再度お名前を聞くのは失礼だと思い、徹底的にお客様の名前と顔を覚えたのです。以前、来店されていて名前がわからない場合には、同僚に聞きました。何回も来店しているのに、毎回、自分の名前を伝えるのを不快に感じるお客様もいらっしゃったのです。

私は私生活で買い物に行って、ドラッグストアでもクリーニング店でも、何度も来店しているのに、「豊島様」と呼ばれたことがありません。しかし、名前を呼ばれて、自分を知ってくれていると思えば、私もうれしいと思うでしょう。

◉お客様を大切に迎え入れる心がまえ

私がお客様の名前と顔を覚えて対応することで、お客様にものすごく喜んでもらえることが、お客様を応対するうえでの大きな自信になりました。

もちろん、プリントの受付のお客様だけでなく、できるだけ来店されるお客様の名前と顔を覚え続けました。お客様の名前と顔を覚えるために、私は**手帳にお客様の名前と特徴、お客様が使用している商品**などを細かく書いていきました。

お客様が来店され、顔はわかるのに名前が浮かんでこないときは、手帳を見たり、同僚に聞いたりして、名前で声かけをしていきました。お客様にとって名前で呼んでくれることは、「大切に扱ってもらっている、自分の存在を認識してくれている」ということで、とてもうれしいことなのです。

自信満々でお客様の名前を〝間違えて〟お呼びしたこともありました。そのときはものすごくびびりましたが、失敗を重ねることでさらにしっかりお客様の名前と顔を覚えていったのです。

お客様の名前を覚えるということは、お客様の特徴を覚えることです。お客様に興味を持つことです。お客様の名前を覚えることは、お客様を大切に迎え入れることなのです。

お客様を名前で呼ぶことは、お客様を大切にすること

3-6 とにかくひとつの商品をとことん売る

◉ひとつの商品をいろいろなお客様に合わせる

あれもこれも販売できればいいのですが、私はそんなに器用ではないので、ひとつの商品を徹底的に調べて、徹底的にお客様に紹介して、売って売って売りまくって自信をつけてきました。何回も言いますが、1日で同じカメラを15台販売したこともありました。

とにかく**覚えた一商品をあらゆるお客様に紹介していく**のが私のやり方です。

たとえばコンパクトデジカメならば、運動会で子供さんをアップで撮りたいお客様には、望遠ズームと連写での撮影方法を紹介して販売します。

新婚旅行で使われるお客様には、広角レンズ搭載なので、もちろん旅行の風景もきれいに撮れることを紹介します。新婚での熱々の思い出は、広角レンズを使った自分撮り、二人撮りの方法を教えます。人に頼まなくても、自分たち二人プラス風景が上手に撮れることを紹介して販売します。

お子さんが産まれるご夫婦には、産まれるまでの奥様のようすを室内でも明るくブレないで撮影できることを教えます。子供が産まれたら、離れたところから自然な撮影ができる望遠ズームと笑顔認識というモードがあり、赤ちゃんが笑ったときにシャッターが自動で切れる機能を紹介します。

◉別の商品にも応用がきく

とにかくひとつの商品が積んでいる機能を、お客様の撮影シーンに合わせてその特徴を最大限に紹介すると、お客様は、「そんなことができるんだ」と驚かれ、販売に繋がっていきます。

そしてあらゆる客層に紹介することで、客層に対する苦手意識もなくなり販売機会が広がって自信がつきます。とにかくひとつの商品をとことん売ることで販売のパワーがついてきます。

また、ひとつの商品をとにかく売り切ることで、**別の商品も同じように販売することができる**ようになります。まずはひとつの商品を自分が飽きるまで販売することが、接客の成長に繋がり、子供から80代のお客様まで対応できる、自分の接客のフォームをつくることもできます。ひとつの商品を徹底的に販売することで自分の常識を壊し、さらに販売の幅が広がることがわかります。

ひとつの商品を売り切ることで販売フォームに自信がつく

3-7 売場・POPを上手につくるコツ

◉何にもできなかった私の試行錯誤

上司から、「カメラ用品の売場をつくってくれ」と言われ、どうつくっていいのかわからず、悩んだことがあります。

見本がないので最初の一歩を踏み出すことができず、迷っているだけで何もできません。いくら考えても売場のレイアウトのアイデアが出てこないので、最初のうちは上司に基本の形だけ教えてもらって真似してつくったものです。

当時は、どの商品が一週間にどのくらい売れているのかもわからず、見栄えだけで商品を並べては、しょっちゅう上司から、「君のつくる売場は、しょぼくて量感のない売場だね」と言われていました。

そこで、いつも上司の手直しを目の前で見せられ、量感の出し方、商品の取りやすさなどを教えてもらい、商品陳列の高さ、レギュラー品とお薦め品の見せ方などを学びました。

自分でも、少しでも売場づくりが上手になるように、わからないことでも必ずどこかに見本があると思い、上司に教わった後、すぐ本屋に行って、「売場づくりと陳列のしかた」という本を買ってきて勉強しました。

しかし、どれだけ悩んでも、自分なりの思考もアイデアもなかなかわいてきません。そんな私でしたが、実際に売場で人から教わったり、自分で本から学んだり、あるいは売場を何度もつくり直して実験して、少しずつ経験値も上がっていきました。

その後、新規オープン店の店長に抜擢されたときは、新店なので売場も一からつくらなければなりませんでした。そこで既存店の売れている売場の写真を撮って、それを見ながら売場をつくりました。

売場づくりが大好きな部下二人と、毎日夜遅くまで開店準備に明け暮れました。二人の部下とはよく喧嘩をしながら、お互いに自己主張を曲げずに売場づくりをしたものです。

見本を見ながら実践をくり返すことで自信がついて、苦手意識が減っていくことを、そのとき実感しました。どうしたら早く苦手意識をなくすことができるかというと、**人の真似でもいいので「実際に自分で実行すること」**です。頭で考えているだけでは堂々巡りするだけです。

実際に行動してみることです。実行してみて、内容を自分なりに検証すること。行動せずに頭で考えているうちは、苦手意識を取ることはできません。

◉POPは何のためにつくるのか

次にぶちあたった壁はPOPでした。当時はパソコンのPOPなどはありませんでした。すべて手づくりしなければなりません。

私は、字も汚くレイアウトもヘタで、まったく自信がなかったので、自分から進んでPOPを書くことをしませんでした。しかし、商品をアピールして販促につなげるために、POPはぜひとも必要なアイテムなので、ようやく私も自分で書きはじめました。

しかし、まったくうまく書けずに悩んでいたところ、当時の上司であった専務に、「字なんてヘタでもどうでもいい。重要なのは内容とていねいにつくることだ。いつも接客している言葉で書いてみろ」とアドバイスをいただきました。

しかし、はじめのうちは、メーカー名や商品の型名をやたらに大きく書いて、上司や先輩によく笑われました。写真アルバムの「ナカバヤシ」というメーカーがありますが、そのメーカー名を大きく書いたら、すぐに指導が入りました。

「君ね、お客様はナカバヤシの製品だからこのアルバムを買うのか」と言われたのです。

たしかにそうです。デザイン・材質・ボリュームなど、使い勝手がよくてお客様は購入するのです。メーカーや型番が好きだから買うのではなく、**商品自体の特徴でお客様は選択する**のです。

今でも、スーパーなどでメーカー名、型番が大きく書かれたPOPを見ると、かつての自分を思い出し、懐かしいというか、まだ勉強してないなあと思い、苦笑いしてしまいます。

POPも接客も同じで、**何がその商品の一番のポイントなのかをお客様に伝える**ことが大事なのです。

今はパソコンでつくられたPOPが多くなっていますが、手書きのPOPも復活しています。私の店の現在のPOPは、ほとんどが手書きです。

◉実践しなければ経験値は上がらない

売場づくりでもＰＯＰでも、はじめは誰かのコピーでもいいので、真似をして実際に自分でつくってみることです。くり返し失敗する中で苦手意識が徐々になくなっていき、やがて得意になっていきます。

とにかくヘタでもいいから、自分で実践してみることです。失敗の経験を積んでいくことで得意部分を増やし、実践を重ねることで、自分のオリジナルの売場やＰＯＰができるようになっていきます。

自分でＰＯＰを書いて、お客様がそのＰＯＰを読んでくれて商品が売れたときには、ものすごく興奮しました。もちろん、反応がないときは書き直したり、内容を変えたりと何度もやり直しました。そうしたくり返しの中で、お客様の反応もある程度予測できるようになりました。

とにかく実践することで、やがて得意に変わっていきます。みなさんも、日常の仕事で苦手だと思う仕事こそ進んで実践して、苦手意識をぶっ壊してください。頭で考えているうちは何の変化もありません。

頭の中で考えているだけでは苦手意識は克服できない

3-8 店長・先輩の接客をよく観察しよう

◉まずは真似をすることから

私も新人のころは、自分のオリジナルな接客技術など何も持っていませんでした。ですからとことん先輩の接客を横で聞いたり、店長の接客を近くで見て、自分の接客に活かすように観察しました。

接客の入口で、先輩が商品を紹介する前に、お客様に使用用途などをヒヤリングしてから入っていくようすなど、私は店頭の掃除をしながら、盗み聞きしまくっていました。

自分が接客のノウハウを何も持っていなければ、まずは**接客が上手な人がやっていることを真似する**ことです。自分のオリジナルはそれからつくればいいのです。私は、徹底的に見本になる店長・先輩の行動・話し方を毎日観察して、自分が接客するときに実際に使ってみて改良していきました。

また、店長には立会い接客をしてもらい、その場で自分も体感しながら接客術を習得していきました。

接客していて迷ったときは、店長にその場で相談に行きました。お客様の購入が決まらなくて帰られたようなときは、接客の内容を店長に報告して改善点を一緒に考えてもらったりしました。

◉自分のオリジナルをつくる方法

自分が店長になったときは、新人の部下と一緒に接客しながら教えました。今まで私は、店長や上司から細かく接客技術を教わった経験がなかったので、私はなるべく自分で教えるようにしました。

部下にはもちろん、「先輩や上司をよく見て、自分で盗め」と言っていますが、細かい接客内容などは私が個別でよく指導しました。

部下が接客している途中にサポートしたり、お客様が帰った後に、さらにつけ加えればよかった内容などを一緒に考えたりしました。

自分が成長するためには、相手が何かしてくれるのを待つのではなく、自分から店長に相談したり、上司や・先輩のいいところを見習うことが大切だと思います。

私は基本的に、人に言われて動くのが好きではないタイプです。とにかく自分から動くクセをつけていくと、人に動かされているのではないことで、責任感もどんどんついてくると思います。

とにかく先輩や店長のいいところをすぐにでも真似すること。**真似した内容を自分なりに改良していく**ことでオリジナルになっていきます。

真似でも自分で吸収すればオリジナルになる

私の店のチラシ・POP

撮影会を兼ねたパーティの参加案内のチラシとPOPのサンプルです。POPは、以前はパソコンでつくっていましたが、今はまた、ほとんど手づくりになっています。

写真がもっと楽しくなる
オシャレー眼 パーティ
～ミラーレス一眼と出会う日～
開催日/7月14日(日)
時　間/10:00～20:00
会　場/サトーカメラ宇都宮本店
参加費/無料!
Canon パーティー開催!
開催日 2月24日(日)
時間/10:00～20:00
キヤノン製品各種レンズ・デジタル一眼レフボディなど品揃え!
家族・子供・友達…そして自分が感動する写真を!!
2014年 今年の夏から憧れの写真
Nikon Party
ニコンパーティー
2014年 6月21日 13:00~20:00
6月22日 10:00~20:00
会場 サトーカメラ宇都宮本店
Program 1
写真の腕が上達教室
わたなべりょう氏
午前の部 夏キッズ・夏スナップ 初級編
6月22日 10:30~12:00
参加費無料
午後の部 夏の風物詩・夏スナップ 中・上級編
6月22日 14:00~15:30
参加費無料
Program 2
試し撮り
ニコンのほぼフルラインナップ約80本が集結
夏写真 初級編
夏写真 中・上級編

4章

自分自身を売って壁を乗り越えよう

4-1 とことん「一番手接客」でお客様に対応する

◉お客様へのアプローチの仕方が大事

私は新人のころから、とにかく「早く一人前になりたい。早くもっと売れるようになりたい」という一心でお客様に対応してきました。そこで、前述したようにお客様に自分の存在を知ってもらうために、早くお客様に覚えてもらうために、誰よりも早く接客に行っていました。

しかし、少し接客に慣れてくると、お客様に断わられたり、振られたり、無視されたりすることが多くなったことで傷つきました。

「接客につくタイミングが早すぎるから断わられるのか、遅く行けばうまくいくのか」などと考えたりしました。そこで接客につく番手を変えたり、お客様につくタイミングを遅らせたりしました。しかし気がつくと、接客の数も減っていきました。

やがて、やっと早く行こうが遅く行こうが、接客の入り方、**お客様へのアプローチの仕**

方で、お客様に受け入れてもらえることに気がつきます。

それからは誰よりも早く、誰よりも多く接客をこなしていく中で、自分なりの接客フォームを構築して、売り上げを伸ばしていきました。

とにかく、すべての客層の人に、商品を通して自分自身を売り込むことで自信がつき、壁を乗り越えることができると確信しました。

◉お客様から学んでスキルを上げる

私の会社のある副店長は、現在、誰よりも一番先に接客につきます。そして誰よりも数多く接客し、自分を売り込んで実績を上げています。私の会社で一番の稼ぎ頭で楽しそうに生き生き働いています。

「一番手接客」とは、誰よりも一番早くお客様に対応すること。とにかく数多く接客すること。その中で自分の接客の中身の改良をすること。長所をさらに伸ばし、いろいろなお客様に対応すること。失敗も含めお客様への対応術を磨き、自分のスキルを上げていくことです。

ただ接客の数を増やしても、自分の接客の自己分析をして、そのつど感じたことや、**お客様に学んだことを次の接客に活かしていかなければ**、スキルは上がりません。

◉接客術を改良する方法

プライベートの例で恐縮ですが、私の趣味のゴルフで言えば、いくら数多くゴルフ場でプレイしても、実践の中で自分のフォームを改良していかないと、スコアがよくならないのと同じです。

ゴルフのスイングも、自分で直すことができないなら、人に相談したり、アドバイスをもらったり、フォームを見てもらうことで改良できます。接客も、店長や先輩にアドバイスをもらって改良していけば、さらに質が上がります。

とにかく一番手接客でお客様に対応し、自分の接客した内容をそのつど検証し、店長や先輩に相談しながら改良していけば、間違いなく販売力はアップしていきます。

私は、仕事場では店長や先輩に自分の接客の内容を話し、家に帰っては妻にその日の接客の内容を話していました。

自分が接客した内容を他の人に話すことで、**客観的にそのシーンを振り返る**ことができ、またアドバイスや意見をもらうことで**接客技術を熟成させる**ことができます。

お客様から学ぶ→自分で考える→人のアドバイスを受ける

4-2 最初から商品を売り込まない

◉売り込もうとすればお客様は逃げ出す

お客様の気持ちを考えず、自分本位に商品を売ることだけを目的に接客している人は、絶対に売れません。

私も新人のころは、用途も聞かず、目の前の商品を黙々と紹介し、商品説明をして、いかにも売り込みが強い接客をしていました。しかし、お客様の情報なしに商品を紹介しても、空砲をうつようなものです。そのころはそんなこともわからなかったのです。

接客でまずやることは、お客様の使用用途、「誰が」「いつ」「どんなことに使いたいのか」を聞き出し、それに合った機能を紹介することです。ゆっくりお客様の反応を見ながら、どこに興味を持っているのかを把握するようにします。

どちらかと言えば、「売る」と言うより、**「商品を紹介する」気持ちで接客する**ようにしたら、お客様のほうから、「この商品をください」と言われるようになりました。

最初から売りモード全開でお客様に対応すると、自分のタイミングでクロージングをはじめたりしてしまいます。お客様はまだ買うというところまで来ていないのに、買ってもらいたい一心で勝手にクロージングに入ったりします。それで売れるはずがありません。お客様は早々に逃げていくでしょう。

◉お客様が商品を使いたくなるイメージ

お客様に商品を紹介するというスタンスで接客すると、無理に売り込まなくても売れる環境がつくれます（商品を紹介するということが、商品を売り込むことなのかもしれませんが）。

とにかくお客様の望んでいる使い勝手を聞き出し、さらにこちらから新たな使い方の提案をすることです。お客様にその商品が使いたくなるイメージをどんどん紹介していくことが重要です。そうするとお客様のほうから購入のサインを送ってくれると思います。

今日は買ってもらわなくてもいいので、とことん商品のよさを紹介しようと動いていると、自然とお客様のほうから、「ぜんぜん買う気はなかったけど、面白い使い方を教えてくれたから買って帰るよ」と言われたりします。

◉「デジカメはむずかしい」

私の店のある支店の店長は、使い捨てカメラの現像の依頼に見えた年配の女性の受付をしました。

「どこかに旅行に行かれたんですか？」と尋ね、その後、「ふだんはデジカメは使わないんですか？」とお聞きすると、「むずかしくて自分では使えないと思って、今まで使ったことがない」と言われました。そこで、「よかったら簡単に使えるデジカメを見ていってください」と伝えました。

お客様に**使い方やどんなものが撮れるかなどを教えてあげる**と、今まで「デジカメはむずかしい」と固定観念で思っていたお客様が、私にも簡単に使えると、デジカメを買って帰られました。

無理に売り込むのではなく、簡単に使えるということを紹介することで、「使いたい」に変わっていったのでしょう。そのお客様はそれ以来、店長あてにまめにデジカメで撮った写真をプリントするために来店されるようになりました。

「私にも簡単に使える」ことを教える

4-3 「聞く接客」でお客様との心の距離が縮まる

◉お客様の話を聞くだけの販売法

昔の私は、自分一人で勝手に商品説明をしていました。まったくお客様との会話のキャッチボールができていなかったと思います。

自分が商品を説明しながら、お客様に質問を投げかけ、お客様自身にいろいろ話をしていただき、お客様との関係が深まっていきます。はっきり言って、販売員がお客様にしゃべらせることなく、一方的に説明するだけで売れることはないと思います。

一方的にしゃべっている販売員を見ることはよくあります。しかし、お客様に紹介した後の感想も聞かず、べらべら自分だけで説明している販売員は、何をもってお客様の反応を見ているのでしょう。

売れる販売員は、**ほとんどお客様の話を聞いているだけ**で販売ができてしまいます。お客様の話に耳を傾けることで、お客様が何に興味を持っているのかがわかり、適切なアドバイスができます。お客様も、「この販売員さんは自分の話をよく聞いてくれる」と距離感も近くなります。

◉お客様との会話を楽しむ

自分ばかりが説明していることが多いと思った人は、お客様の話をまず聞くことからはじめてみてください。よくお客様と話していて、間があくのが怖くて、その間を埋めるために次から次へと話す人もいますが、売れる販売員は、間があいても気にせず、逆にとことん間をあけるようです。

間があいて困ると思っているのは、販売員の勝手な思い込みにすぎないと思います。売れる販売員は**間を楽しむ**と言っています。

お客様に質問を投げると、自然とお客様の話を聞くほうに力が入ります。自分の話を聞いてもらおうとするより、お客様の話をしっかり聞くことが、自分の伝えたいことをお客様に理解してもらう早道だと思います。

とにかく自分勝手に説明するのではなく、商品を紹介しながら、お客様との会話を楽しみましょう。お客様の話に耳を傾け、「聞く接客」をすることで自分の提案する内容をお客様に共感してもらえます。

自分の持っている情報を伝えたいときは、いかにお客様の話を聞くかが重要です。お客様の話の中から、ピンポイントで自分の役立つ情報を伝えることができます。

お客様の話を聞くことで的確な情報を伝えられる

4-4 話すスピードをお客様に合わせよう

◉話の内容を理解してもらっているか

私の店には、10代のお客様から80代のお客様まで来店されます。

しかし入社したばかりのころの私は、若いお客様でも年配のお客様でも関係なく、自分のペースでお客様と話をしていました。

年配のお客様にも、自分では理解してもらえていると思って、早口で話し続けていました。実際にはただ一方的に説明しているだけで、内容の6割くらいしか伝わっていなかったのではないでしょうか。ときにはお客様に、「もう少しゆっくり話してもらえるかな」と言われたこともありました。

今は、年配の方にはゆっくり、ときに復唱しながら話します。自分が伝えようとしている内容をお客様に確認したり、実際に試してもらったりとすることで、お客様に自分の説明内容をわかってもらうようにしています。

◉専門用語は相手に合わせて

商品用語も、相手に伝わるように簡単な言葉に変換しながら説明します。

たとえば、私が販売しているデジタル一眼レフを紹介する場合は、「ファインダーを覗いて撮影してください」と言ってもわからないケースもあるので、「その覗く窓を見て撮影してください」と、実際に指し示して説明することもあります。

「プログラムモードで撮影してください」と説明したいときは、「カメラが自動的にきれいに撮ってくれる、Pというところに合わせて撮影してください」といったように話します。話すスピードには、**わかるような言葉を選ぶ**ことも大切だと思います。

とにかくお客様に自分の伝えようとしている内容を理解してもらうために、言葉もできるだけわかりやすく簡単に伝えることです。話すスピードと内容を途中でお客様に確認していくといいかもしれません。
私は話すスピードを調整することで、お客様との距離を近づけ、親近感を感じられるようにしています。一番伝えたいことは、さらに話すスピードをゆっくりにしたり、同じことを言葉を変えて言ったり変化させています。

わかるように説明するとお客様は親近感を抱いてくれる

4-5 私がお客様だったら……と考えて提案する

◉自分勝手な販売員

私はいつごろからか、お客様に商品を紹介する場合、**「自分がお客様の立場だったら、どんなことを言ってくれたらうれしいかな」**と考えながら、用途の提案をするようになりました。

お客様が旅行に行くので、今使っているデジカメよりも撮影の幅を広げられる広角が強いデジカメが欲しいと言った場合、自分も一緒に旅行に行っているような感じで機能の特徴を紹介します。たとえば、「バスや電車の中でも自分撮りや友達と一緒に手を伸ばして撮影ができる」「観光地の有名な建物などのスポット地でも、人物と風景が切れずにきれいに撮影ができる」といったことを伝えます。

お客様にイメージさせる内容も、常に「自分が客だったら、こんな提案をされたらうれしいな。わかりやすいな」と思いながら具体的にお話しししています。

逆に言えば、自分がされて嫌なことは、お客様にとっても嫌なことでしょう。新人のころ私は、即日販売することができなくて、「また検討してくるよ」と言うお客様は、私の店から出たら別の店で商品を買ってしまうと勝手に思っていました。そのため、しつこくお客様を引き留めたこともありました。

今思えば、自分がそんなことをされたら、どんなに嫌だと思うでしょう。お客様のことをまったく信用していなくて、自分のことしか考えていない販売員だったと後で気がつきました。

それ以来、「検討してまたくる」と言うお客様には、しっかり再来店の約束をして、**気持ちよく帰っていただく**ようにしています。すると、約束の日に都合が悪い場合は、お客様のほうから連絡してくれるようになりました。

◉ある店長さんの心地いい接客

私はある日、妻と家具屋さんにリビングのテーブルを見に行きました。

接客してくれた店員さんは、その店の店長さんでした。私はリビングテーブルの知識が何もないので予算的に5~6万円で買えればいいかな、程度に考え店内を見ていました。

店長さんが近づいてきて接客がはじまりました。最初のうちは、ゆっくり見たかったので、店員さんが接客にきてめんどくさいなあと思っていました。

漠然とした予算は5~6万円でしたが、店長さんは私達の話を聞いているうちに、30万円くらいのダイニング4点セットを紹介してくれました。私は接客を受けていて、店長さんの「よいものをお客様に薦めたい」という気持ちが伝わってきました。

妻の足が悪いという話をしていると、店長さんはイスにもいろいろな種類があり、足にやさしいイスがあることを教えくれます。

店長さんの話に共感し、妻のイスは足にやさしいものにして四人家族用のダイニングテーブルを購入することにしました。

◉楽しい生活のツール

当初の予算より大分オーバーしましたが、店長さんのていねいな応接で、15万円以上もする商品でも気持ちよく買うことができました。この家具店の店長さんの接客から学んだことは、「多少の値段の差があっても、お客様によい商品を紹介すること」「お客様にぴったりの商品をチョイスしてあげること」です。

私の店でも、予算が5～6万円と言うお客様には、それよりも高いものを薦められない店員がいます。お客様の言う予算を鵜呑みにしているのです。お客様の考えている予算は、漠然としたものです。**商品に納得すれば、購入金額も変わってきます。**

私は必ずしもダイニングテーブルを買いに行ったのではなく、楽しい家族団欒をイメージしてダイニングテーブルをさがしに行ったのです。

私達が扱っているカメラも、お客様はカメラを操作したくて買うのではなく、思い出の写真を残す、あるいは楽しい生活のツールとしてカメラを買うのだと思います。

常にお客様に対応するときは、「自分がお客様だったら」と考えて、喜ぶことを紹介する。お客様と一緒に楽しい用途を考えながら商品を紹介することが大切なことです。

お客様は豊かな生活を実現するために商品を買う

4-6 調子が悪いときの対処法

◉相性のいいお客様で自信を取り戻す

私の店には、老若男女の幅広い層のお客様が来店されますが、私にも相性のいい客層と悪い客層がありました。

調子がいいときは、全客層対応ＯＫですが、販売実績が振るわないときは、**一番相性のいい客層を中心に**接客数を増やしていきました。そして集中して得意なお客様に対応することで自信をつけました。私の場合は、不調なときは、自分の父母ぐらいの年配のお客様を中心に対応していきました。

自分が20代のときは、30～40代の男性が苦手でした。同年代の男性とは気楽に話ができます。30代のママさんとは、私は年の離れた姉が二人いたので、気兼ねなく話すことができました。

私の販売している商品が、カメラと写真関係の商品なので、カメラにくわしい30代の男性、脂の乗った40代の男性などは、カメラの知識があまりなかった私は、非常に苦手意識がありました。

50代、60代のお客様は男女に関係なく、自分の息子ように対応してくれて、かわいがってくれました。70代のお客様には、孫のようにかわいがってもらいました。

◉得意なお客様からはパワーをもらえる

自分が苦手な客層を克服するのも大切ですが、得意な客層の人ととことん対応することで、自分自身がパワーアップできることがわかりました。得意な客層と数多く対応することで、自信がつきます。得意な客層でどんどんお客様に対応することで、**苦手だと思っていた客層にも対応することができる**ようになります。そうすると苦手だと思っていた客層も自然と減っていきます。逆に苦手だった客層が、得意な客層に変わる場合もあります。

販売が少し不振になったら、得意な客層の人を徹底的に接客して売る自信をつけましょう。苦手な客層も、得意な客層で元気をつけたことで対応力もどんどん変わってくるので、まずは得意な客層で販売力をつけてください。

不調のときは苦手を克服するよりも得意を伸ばして自信をつける

4-7 お客様に知り合いを紹介してもらうには

◉お客様に輪を広げていただいた

私が接客したお客様が、「カメラを買うときは豊島さんのところで買うと、いろいろ親切に対応してくれるよ」と紹介してくれて、来店されるお客様が多くなったときがありました。

私は、自分の応対したお客様に、「近所の方や知り合いの方や友人の方で、カメラを購入される方がおられましたらご紹介をお願いします」と積極的に声をかけました。その数が多くなってくるにつれて、紹介で来店されるお客様がどんどん増えました。

最初のうちは、カメラのハード商品をお買いになったお客様に紹介をお願いしていましたが、写真プリントのソフトのお客様にもお客様を紹介してもらうために、名刺を2～3枚余分に渡し、紹介してくださるよう声かけをするようにしました。

◉お客様が営業マンになってくださる

お客様からお客様を紹介してもらって一番助かったのは、自分が店長として新店を立ち上げたときです。まったく地域では認知度が低く、お客様自ら来店される数がまだまだ少ないときでした。

そのときも、来店していただいたお客様にしっかり対応することで、そのお客様の知り合いを紹介していただく作戦をとりました。頼まれたお客様も、「何とかしてやるか」という使命感を持つのか、結構口コミで紹介していただきました。

お客様に紹介していただいたことで本当に助かったことがあります。

私の会社ではじめて、お歳暮商品を販売したことがありました。今までそうした商品を販売した経験がなかったので、どうして売ったらいいものか悩みました。そこで私が十年来おつき合いしている吉田様というお客様に相談しました。

吉田様は即座に、「豊島君の頼みならお客様を集めてあげる」と言ってくれ、お歳暮の注文を百件近く集めてくれました。このとき吉田様に助けていただいたことは、今でもものすごく感謝しています。

お客様がお客様を呼んでくれることは、店にとってこんなに心強いことはありません。

お客さまが自分のファンになってくれ、**お客さまが営業マンになってくださって商品を紹介してくれる**ことは一番強い味方です。

目の前のお客様にしっかり対応することで、さらにそのお客様から知り合いを紹介してもらうことは間違いなくできます。みなさんもどんどん実行してみてしてください。

目の前のお客様を大事にすることが後につながる

4-8 店のスタッフの全員がお客様を知っている

◉知っている販売員がいない！

私は、多くの来店されるお客様に自分を知ってもらうために、店長や先輩の親しいお客様をどんどん紹介してもらいました。

なぜそんなことをしはじめたのかと言うと、自分の存在をお客様に知ってもらいたいのはもちろんですが、もうひとつ大きな理由がありました。

来店されるお客様は、店のお客様であることは間違いないのですが、たいてい一人の販売員に依存していて、たとえば店長が休みで不在の日に、店長の顧客であるお客様が来店されると、「また別の日にくる」と言って帰られたりしました。先輩のお客様が来店されたときもそんなことがありました。

私は、お客様が一人の販売員に頼っている状態よりも、**店のスタッフ全員がそのお客様をよく知っていたほうがいい**と思いました。そこで店長や先輩のお客様を紹介してもらいながら、自分が応対したお客様もどんどん別のスタッフに紹介していきました。

私が店長になったときは、自分から率先してスタッフにお客様を紹介して、誰でも対応ができる店を目指しました。

◉お客様にとって一番心地いい状態

はじめに店長や先輩からお客様を紹介してもらうという行動をとったのは、黙っていると店長も先輩もお客様を紹介してくれないからです。とくに当時の店長は、お客様を囲っており、なかなか紹介してくれずに苦戦しました。

スタッフが一人でお客様を囲っていると、一番不幸なのはお客様です。店のスタッフ全員がお客様を知っており、ひとりひとりのお客様に対応できる状態が、お客様にとっては幸せな状態です。**いつきても店にいる販売員が自分のことを知っている**と思えば、お客様も安心して来店できます。

みんなが知っていて、とてもうれしそうなお客様の姿を何度も見ているので、私はどんどん同僚にお客様を紹介していきました。同僚にもお客様を紹介してもらいました。

店長として転勤になったときも、部下からどんどんお客様を紹介してもらいました。転勤したばかりのときは、その地域では部下よりも自分のほうが新米ですから、部下からお客様を紹介してもらってはじめて応対できる場合が多かったのです。そんなときは完全にアウェーにいる感じがしました。

新しい店は、いつも慣れている環境より緊張感があり、自分は転勤を多く経験したことで人間的にひと回りもふた回りも成長したと思います。

とにかくお客様を待っているのではなく、自分から店長や先輩に働きかけ、お客様をどんどん紹介してもらい、客層を広げることが大切です。自分が先輩になったら、今度はどんどん後輩にお客様を紹介し、店全体でお客様に応対することが、お客様にとってもっとも満足してもらえるのです。

お客様はどんな店がもっとも満足できるかを考えよう

4-9 「こうすればもっと楽しく使える」を伝える

接客時に、商品自体の性能を黙々と説明するだけの店もありますが、お客様に買っていただく前に、お客様の生活の中での使用イメージを紹介できなければ、買った後は**お客様しだいの売りっぱなし**になってしまいます。

◉どうすれば欲しいと思っていただけるか

私の店で販売しているコンパクトデジカメの、広角26ミリというレンズの特徴は、「広い範囲が撮れます」という説明だけではお客様はピンとこないので、「広角レンズ搭載なので、旅行先で人に記念撮影を頼めない場合も、自分で手を伸ばして自分と風景を自分撮りができてすごく活躍するんですよ」というように紹介しています。

とにかく商品の機能・性能をしっかり覚え、実際にお客様が使用になるシチュエーションに応じた使い勝手をどんどん紹介していかないと、「これが欲しい」という商品のよさがお客様に伝わりません。

◉お客様が子供の入学式を撮影するシーン

私の店では、子供さんの入園・入学や卒園・卒業の実際の見本写真を見せながら、カメラの機能を紹介することで、お客様が実際にカメラを使用して撮影するイメージをわかってもらっています。撮影当日の注意点や撮影時のアドバイスをすることで、お客様が購買を決定する確率も上がります。

私も家族と出かけるときはデジタル一眼レフを持っていき、風景を家族と一緒に撮影するのに一番お薦めの広角レンズを使用します。**自分の使用感をお客様に紹介する**ことで、商品のリアルな使い方を提案ができます。お客様も商品の性能を説明として聞くより、実際の使用感を聞くことで、使いたくなるものです。

いろいろなシチュエーションでの使用イメージを紹介することで、お客様も薦められた商品を使う楽しみが膨らみ、購入することを決心します。

わが社のある支店の副店長は、50代の女性が旅行のプリントを依頼しにきたとき、たまたま「もっと旅行の写真を上手に撮りたい」というお客様の話を聞き、今使っているカメラの撮り方をアドバイスしました。

さらに旅行にお薦めのデジカメを紹介すると、お客様はカメラを操作したいのではなく、「楽しく出かけた旅行の素敵な写真を残したいから、新しいカメラを買いたい」と副店長が紹介したカメラを購入して帰られました。

お客様の中に**潜在している思いを、現実に実現するものとして引き出す**ことが、商品を紹介するうえで大切なことだと思います。

旅行でのたくさんの思い出をきれいに残したいという思いに共感して、さらに楽しい思い出を残すためにはどうしたらいいかを考えてあげることが、お客様の話を聞くことだと思います。

お客様の楽しいシーンにご一緒しよう！

私の電話活用法

その日のうちに電話連絡

接客をしていて、決断に迷い、「家に帰って検討してきます」「妻と相談してきます」と言うお客様がよくいらっしゃいます。

そんなときには、「では、今度はいつ、いらっしゃっていただけますか」と伺うことで、次の来店日を必ず約束するようにしています。そのときにお客様の名前と電話番号をお聞きします。電話番号を教えてくださるお客様は脈ありです。

電話番号を教えてくださったお客様には、私はその日のうちに電話をかけるようにしています。

私の店に来店してくださったということは、買う意志があるということです。その熱い気持ちが冷めてしまわないうちに電話連絡をすることが大事なのです。

また、その日のうちに電話をすることで、「自分にきちんと対応してくれている」と思ってもらえます。

「イエス」か「ノー」で返事をもらう

「今日はご来店いただき、ありがとうございました。ご検討していただけましたでしょうか」

「奥様とご相談されていかがでしょうか」

こんな電話をしても、私の経験では、しつこいと思われたり、無理に売り込んでいるようには取られないようです。

そして、再来店していただく日を決めるには、「次の土曜日か日曜日はいかがでしょうか」とか、「○曜日の○時ころのご都合はいかがでしょうか」と自分が必ず店にいる時間を教えて、お客様が「イエス」か「ノー」で答えられるように約束を取りつけるようにします。

するとお客様は、OKならばもちろんそれでいいのですが、ダメな場合は、「その日は○○があってダメなんだ」とその理由を言ってくれます。理由がわかれば、次の約束はできたようなものです。

私はそのとき、「恩返しさせていただきます」とよく言います。あまり意味のない言葉なのですが、お客様は、「自分のことをきちんと考えてくれている」と思ってくださるようです。

5章

楽しい接客ができれば壁は乗り越えられる

5-1 うれしい思いをとことん体感する

◉「売れてうれしい」を追求する

とにかく徹底的にお客様に商品を紹介することで、「まったく買うつもりじゃなかったのに、説明してもらっているうちに欲しくなっちゃった」とお客様によく言われました。「一所懸命教えてくれたから、私にも使えそう」と言われたり、買って帰る前に、「いろいろ教えてくれて助かったわ」と言われると、本当に気持ちよくなります。

自分が一所懸命、接客したことが実って売れてうれしいのと、お客様から「ありがとう」と言われるのが重なってすごくいい気持ちです。

私は、お客様の話をいろいろ聞いて接客のストーリーを立て、お客様に合った商品を提案していきます。**自分が描いたとおりに商品が売れると本当に気持ちいい**ものです。お客様の話も聞かず一方的な説明で商品が売れても、売れたという結果は残りますが、売れて楽しいという気持ちにはなりません。

◉感動を別のお客様に伝える

お客様の話をよく聞いて、自分の提案する内容をお客様が聞いてくれて、お客様にぴったりの使い勝手をお客様に共感していただく。それで、お客様から、「早く使いたい」と言っていただけると、売れてうれしい感動でいっぱいになります。

その気持ちよさをまた味わいたくて、さらに次の接客に活かせるよう「売れてうれしい」をとことん追求していきました。

お客様が商品を使って、再来店されたとき、「本当に買ってよかったよ」とか、「この間はいろいろ教えてくれてありがとう」と言われると、ものすごく元気が出ます。

うれしいをとことん体感して、お客様に喜んでもらった内容を別のお客様にどんどん伝え、さらに共感してもらうことで、また新たな販売につながります。

とにかく売れると元気がわき、お客様に喜んでもらうと興奮します。またがんばりたくなります。

思い描いたとおりに接客できると本当に楽しい

5-2 お客様にどんどん商品に触ってもらおう

◉商品に触ることで愛着がわく

私はお客様に商品を説明するとき、ある程度話したら、商品を手に取ってもらうようにしています。カメラなら、撮影してもらいながら機能を紹介し、実際に体感してもらうのです。

新人のころは、自分だけがカメラに触って説明し、お客様にはぜんぜん触らせることなく販売していました。そのころは先輩によく、「お客様にカメラを触ってもらえ」と言われていました。

お客様にどんどん触って体感してもらうことで、お客様も自分で簡単に使えそうなことがわかり購買意欲も増します。触ってもらうことで使用感も増し、口で説明したことがよりお客様に伝わり、共感してもらうことができます。

この本を読んでいる人も、口で商品を説明しているだけではないか、お客様に実際に商品を体感してもらっているか、自分の接客を振り返ってみてください。接客していると、話に集中してしまい、口頭だけでお客様に商品を紹介していることがよくあります。

◉臨場感を味わってもらう

そこで私は、お客様にどのタイミングで体感してもらえばよいか、商品を説明しながらタイミングを見るようにしました。商品の説明も、お客様に体感してもらう前座として紹介するように変えてみたりもしました。

実際にお客様に商品に触っていただいて、感触や感想などを伺いながら商品のポイントを説明すると、お客様にも格段にわかりやすくなります。

私もよく経験するのですが、プライベートで車を見に行ったような場合、車の特徴を説明するために、すぐにセールスの人が話しかけてきます。それが長々と続くと、実際に試運転までできなくても、運転席に座らせてくれたほうが、車の内装や運転している臨場感がわかって購買意欲が上がるのになあと残念に思います。

◉お客様が買ってくださる瞬間とは？

また、立ち話で接客するスタイルが多い職種があると思いますが、私の店でも以前は立って接客していたのを、**イスに座っていただいてゆっくり手に取って検討してもらう**ように変えたところ、購買の成約率もそれ以前よりかなり上がったと思います。

お客様に商品を紹介するときは、口頭での説明も大切ですが、どんどんお客様に使用していただいて、体感してもらうことで実際に使用するイメージも広がります。

お客様自身が自分でも簡単に使える、自分でも上手に使えそうと思ったときが購買を決めるときです。機能のうんちくより、実際に商品をいかに体感してもらうかが重要なことなのです。

実際に使っている自分を想像できるようにする

5-3 買っていただいてからがお客様との関係のはじまり

◉お客様に教えていただくこともいろいろある

私とお客様との関係は、カメラを販売して終わりではありません。**カメラを買っていただいてからが、お客様との関係のはじまり**なのです。

たとえば、再来店してくださったとき、買っていただいたカメラでお客様が撮影された写真を見て、撮影したときの状況などを聞きながらアドバイスをします。また、実際にお客様が使われた使用感などを教えてもらいながら、新たな撮影方法、新たな機能の使い方などをお客様と一緒に考え、提案したりします。お客様が考えた使い勝手をお客様に教えてもらうこともあります。

私も実生活でいろいろな商品を購入しますが、車や電化製品などを購入した後、店員さんに使い勝手や使用感などについて対応してもらったことがないことに気がつきました。電話一本ですむこともあるのにです。

自分達のお客様への対応も、買ってもらって終わりではなく、買ってもらってからが本当の接客のはじまりだということを、自分の体験したことから学びました。

◉お客様と新しい関係を築く

商品を購入してもらうことがゴールではありません。買っていただいてから、お客様がその商品を買ってよかったと思ってもらえるように、購入後の対応で要望や使用感を伺って新たな用途などをお客様と一緒になって考えていきます。

お客様と販売員のこうした関係の継続が、リピートしていただける一番のポイントだと思います。

また、お客様の使用用途などを聞いて、自分だったらと考えながら商品を一緒に決めていく中で、実際に購入していただいたお客様の使用事例を新規のお客様に紹介することもあります。もちろん自分の体験事例をお客様に話して、商品を購入してもらうこともあります。

とにかく、お客様に目の前の商品を売ることが最終目的ではなく、お客様に商品を紹介し販売した後に、一緒になって使い勝手や使用感・用途などの提案も含め、**さらに深い関係を築いていく**ことが大切なのです。

販売した後からが本当の接客のはじまりだと思います。売ることだけに一所懸命な人には、買っていただいた後の大切さを学んでもらいたいのです。販売とは、売るまでではなく、売ってからがスタートなのです。

お客様に商品を買っていただいたことから新しい関係がはじまる

5-4 お客様に実例を紹介しよう

◉具体的なお客様の話を紹介しよう

家族でディズニーランドに行く場合、コンパクトデジカメでもいいのですが、デジタル一眼レフだと、さらに素晴らしい写真が撮れます。

交換レンズの中に広角レンズというものがあり、家族四人で行った場合、誰かに撮影を頼まなくてもお父さんがカメラを持って、「自分撮り、家族撮り」ができます。家族と一緒に背景もきれいに撮れて、ジェットコースターに乗っている家族と風景が、臨場感あふれるアグレッシブな撮影ができます。

こういった内容の話を、別のお客様が家族旅行に行くというときにすると、広角レンズの紹介にも具体性が加わって、購入につながります。

お客様に共感してもらった撮影方法や使用用途は、どんどん別のお客様にも広め紹介することで、さらに磨きがかかります。

実際に撮影されてきた後の話も聞いて、多くのお客様に喜んでもらうことは、販売員にとって一番の楽しみです。

◉お客様の体験というレパートリー

販売員はお客様に基本的な機能や使い方の説明はできますが、なかなか具体的な話には広がっていきません。そこで実際に購入していただいたお客様からの使用感を聞くことで、応用編として具体的な新しい提案材料を増やすことができます。

お客様の使用感をたくさん聞いて、その情報を新しいお客様に紹介することで、単なる機能紹介ではない説得力が生まれます。

自分だけの知識や体験したことだけでは、提案する内容の幅は広がりません。

私の提案内容のレパートリーの多くは、**実際に使用されているお客様の生の情報**がネタ元です。

商品を販売して終わりではなく、買っていただいた後の使用感を聞くことで、さらにその商品のよさを別のお客様に提案できます。

自分達でお客様への提案内容を考えることも大切ですが、お客様から実際の話を聞き出すと、思いもかけない新しい使い方などを別のお客様に提案することができるようになります。

お客様の体験という具体例で説得力が増す

5-5 自分を気に入ってもらうにはどうしたらいいか

◉商品と自分を一緒に気に入ってもらう

私は接客をして商品を紹介するとき、ただの説明員で終わらないように心がけています。一所懸命にお客様の用途を聞き出し、それに合った使い勝手をお客様に教えることで、お客様も少しずつ販売員を信用してくれるようになります。信用することよってお客様自身のことをいろいろ話してくれます。

たとえば、デジタル一眼レフだったら、カメラの操作性だけを教えるのはただの説明員ですが、実際の撮影シーンをイメージさせて、撮り方までをていねいに教えることで、お客様も販売員に一目置いてくれるようになります。商品と自分を気に入ってもらうことでお客様の心が購買に傾くのです。

商品の性能がどんなに優れていても、販売員がそれを伝えることができなければ、商品は売れません。前述したように、実際に購入された方の撮影スタイル・使用用途の体験談などを接客に取り入れると、お客様への説得力が高まります。

お客様に、「あなたがここまでていねいに教えてくれたんだから、これに決めたよ」と言われて、ものすごくうれしくて興奮したことが何度もありました。

◉お客様への三つの対応

私の場合、個人的に車を買うようなときは、はじめから自分で車種を決めているので、販売員さんから用途を聞かれたこともなければ、乗り心地や使い方の提案をされたこともありません。もちろん買った後も、「その後、クルマの調子はいかがですか?」と聞かれたこともありません。

販売するときもアドバイスがなく、買った後のフォローもない。自分の接客と比べると、「売って終わり」と考えているのでしょうか。ひどい車屋さんには、「故障で路上で困っているので助けてくださいい」と言ったら、「迎えに行くことはできません。引き取りに行くこともできません」とそっけなく言われ、実にがっかりしたことがあります。現実に、販売して終わりという店もいっぱいあるのでしょう。

私は接客をしていて、よく感じることは、お客様に対して「売る前の対応」「今売ろうとしている対応」「売った後の対応」の三つがあるということです（これは1章のコラムでも紹介しました）。中でも**一番大切なのは販売した後**なのかもしれません。

商品と自分を気に入って購入してもらい、さらに購入後の対応を気に入ってもらって店に通ってくださるようになることが大切なのです。

そのためには、とにかく商品と自分を気に入ってもらうために、**本気でお客様と向き合って欲しい**ということです。「買う前」「買おうとしてるとき」以上に、「買っていただいてからの対応」が一番大切なのだと思います。

買っていただいた後の対応でお客様は再来店してくださる

5-6 とことん調子に乗ってみんなに売れた内容を自慢しよう

◉成功も失敗もすべてオープンに

私は、商品の販売に成功した後、いつもうるさいくらいに同僚や先輩・店長に販売した内容を報告していました。売れたことがうれしかったことももちろんありますが、売れた内容を言葉で表現してみんなに伝えることで、**自分の頭の中が整理できる**のです。

自分の成功体験を話すことで、まわりの人の販売のサポートになったり、参考にしてくれることもあります。それで私は、新しい売り方も含め、情報を共有することも目的として、自分が売れた内容は徹底的に公開しました。

同時に、売れなかったときも徹底的にまわりに情報を開示しました。まわりに失敗談も開示することで、励ましやアドバイスをもらうこともありましたし、自分の接客内容を客観的に見ることもできました。しかし、「うるさい、くどい」と言われたことも何度もありました。

◉情報を共有すれば共通認識ができる

私と逆だったのが、私の会社でも常に5本の指に入るY店長です。Y店長は販売のエキスパートでものすごい販売力があり、トップセールスの一人ですが、自分のノウハウを一切開示しないという頑固者でした。

そこで何度も、「君の販売方法を他の店長にも公開して、会社全体がさらによくなるように情報を共有できるようにしてくれ」と言い続けた結果、現在は惜しみなく自分のスキルをオープンにしてくれています。

とにかく自分の行動の内容は、自分しかわかりません。自分の接客の内容、お客様との会話の内容など、自分以外の人にアウトプットすることで自分の頭も整理されます。自分が接客した内容を人に伝えることで、**自分がやっていることを客観的に見る**ことができます。私は家に帰ってから、妻にその日の接客内容を話したこともありました。

よく他業種でも、同じ商品を販売しているスタッフ間での販売状況や意見交換など、情報の共有をしていない店があると聞きます。

私の会社の各支店でも、スタッフ間でお客様への対応、売れた要因や売れなかった原因など、いろいろ情報交換をしている店はいい業績をあげています。一番大切なことは、**自分の接客にも他人の接客にも関心を持つ**ことです。

自分一人が持っている情報なんてたいした量ではありません。自分以外のまわりの人からどんどん吸収することで自分の情報が増えていきます。

自分の情報を公開すれば、まわりからの情報も入ってくる

5-7 お客様に喜んでいただくという役割

◉カメラはお客様に喜んでいただく媒介

私達はカメラを販売するだけではなく、お客様に写真を撮る喜び、写真を見る幸せ、写真を残す感動をとことん味わっていただきたいと考えてお客様と対応しています。ですから、どちらかと言うと、買っていただいてからのおつき合いが長くなります。売って終わりではなく、売ってからがお客様との関係のはじまりだと思っています。

ひとつの商品にも、お客様によって何通りもの用途があり、お客様は生活の中で写真を撮るという楽しみが生まれます。私たちはお客様の楽しみをさらに広げるために、様々な商品の使い方を提案します。

子供の写真を撮るのも、いろいろなシチュエーションがあります。赤ちゃんの成長記録を残すためという目的もあるでしょう。スポーツで活躍しているわが子の生き生きしたようすを撮りたいという希望もあるでしょう。

そんな様々な使用シーンでの上手な撮り方をお客様に教えることで、よりお客様との関係も深くなります。いかに**カメラという商品を通してお客様に喜んでもらうか**が、自分たちの役目だと思います。

◉まわりの人に助けられて成長する

お客様が撮影された後、店に寄ってくれて、「うまく撮れたよ」と喜んで報告してくださると私達は元気が出ます。商品は売りっぱなしではなく、アフターフォローを心がけることで、お客様は再訪してくださいます。

販売した後に、お客様の使用感やお客様独自の用途などを聞くことで、私達も新しい使い方を知ることができます。それをまた別のお客様に紹介すれば、生きた情報が広がっていきます。販売員は自分で商品の提案内容を編み出してお客様に紹介しているのではなく、お客様から多くの情報を得ているのです。

人から得た情報を、自分で咀嚼して生活の場で使える情報として提供すると、自分のオリジナルの内容へと変わるのだと思います。

独自性は最初から身につけているのではなく、**いろいろな人から学んで吸収して自分のものにしていく**ものです。販売の壁にぶつかっているときは、一人で鬱々と悩んでいないでどんどんまわりのスタッフなどに相談して、自分の狭い思考を広げていってください。

オリジナリティは自分で吸収したものの中から生まれる

私のクレーム対応法

ちょっとした対応の手違い

私は今、クレーム処理の仕事もしていますが、毎日本当にストレスが溜まります。しかし、苦しい、つらいと思っても仕方がないことなので、前向きに向き合うようにしています。

クレームの原因は、販売員とお客様のちょっとした行き違いがもっとも多いようです。お客様の言うことに対する販売員の受け間違いや、販売員のちょっとした態度にお客様が反発することもあるようです。

店外にあるセルフ機で撮った証明写真を、以前はサービスでカットしていたのを有料にした店舗があるのですが、その説明が〝店にとってみれば当然〟のように聞こえたらしく、カチンときて販売員にクレームを言われたお客様もいらっしゃいます。

もちろん店の手落ちで、お客様の写真データを破損してしまったというようなケースもあり、そのような場合は、とにかく何とかお客様の気持ちを静め、許していただくようにしなければなりません。

お客様の話をとことん聞く

店でトラブルが起こったような場合、本来ならば店長が収めなければならないのですが、最近は、「店長じゃ話にならない。社長を出せ」と言われるようなお客様も多くなっています。

また、販売員とトラブルになったお客様が、その場は腹を立てて帰ってしまうのですが、後から電話でクレームを言ってくるようなケースがあります。

「店長じゃ話にならない」と言われた店長が、「お客様に連絡して欲しい」と言ってくることも間々あります。

そのクレーム対応を私がやっているわけです。

では、お客様のクレームにどう対応したらいいかですが、まずは、とにかく不手際を謝ることです。それからお客様の話をとことん聞きます。途中で話を遮るようなことをすると、お客様は余計に腹を立ててしまいます。

言うことを言ってしまうと、お客様の怒りも収まるようです。

お客様にどんなことを言われても、冷静にお客様の話を聞き、対応することが大事です。

6章

自分でマーケットをつくれば壁は乗り越えられる

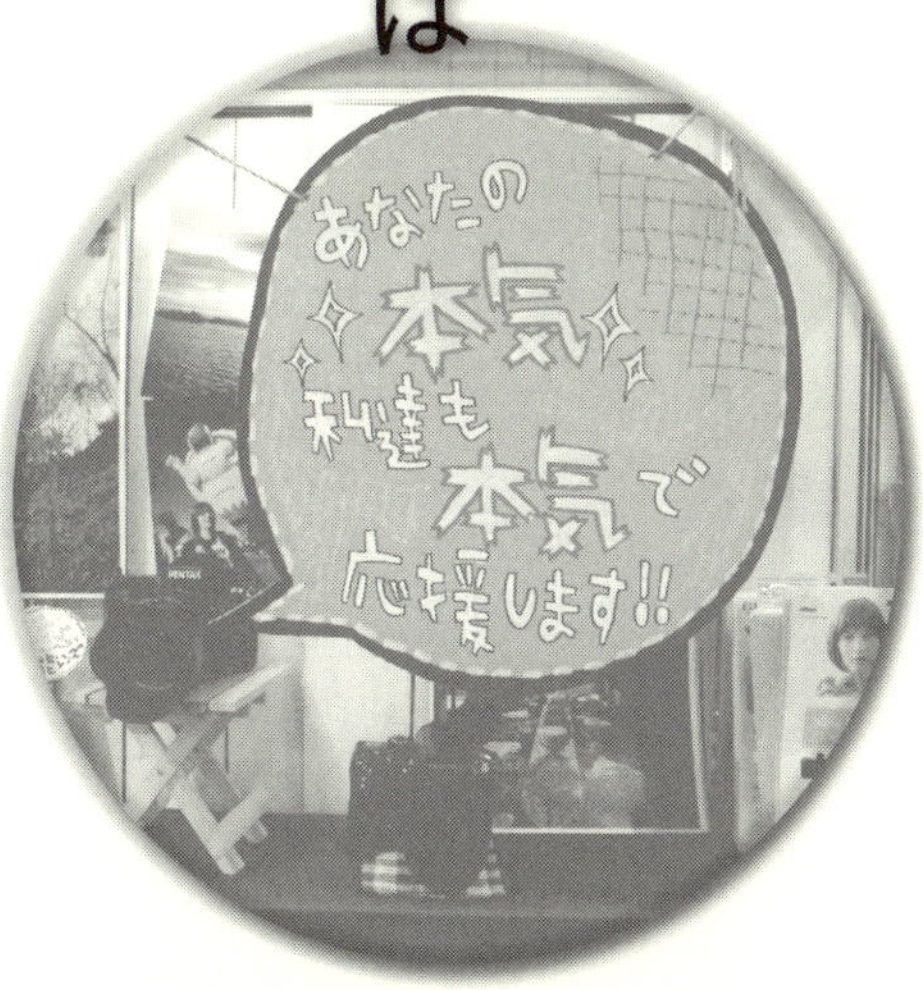

6-1 商品を知らないお客様に売るからマーケットが広がる

◉子供のダイナミックな写真が撮れる

何度も紹介しましたが、デジタル一眼レフの交換レンズに広角レンズがあります。少しカメラをやっている人が風景などを撮るのに便利に使用しているレンズですが、販売する人のアイデアひとつで使用用途が劇的に変化します。

わが社の本店のT店長は、その広角レンズを子供さんがいる若いファミリーに紹介しています。

たとえば海に行って子供さんが楽しく砂浜を走っている姿を、子供の目線で撮影すると、迫力がある躍動感のあるシーンが撮れます。また子供さんの背景が、砂浜も海も一望できるダイナミックな写真に仕上がります。

こうした**レンズの特徴を生かした撮影方法をお客様に紹介する**ことで、お客様も大変驚かれ、その商品を使って撮影がしたいという思いも強くなります。

◉接客の基本がなっていない

商品は、お客様によってふた通りの買い方があります。

ひとつは、使い方も含めお客様が商品自体を知っていて、商品を指名して購入する形です。もうひとつは、商品自体を知らなくて、もちろん使い方も特徴も知らずに販売員に紹介してもらってはじめて商品の価値を知り、うれしくなって商品を購入する形です。

私の店の接客スタイルは、後者のほうが断然多くなっています。

私は先日、妻からのリクエストもあり、ロボット掃除機をある電器屋さんに見に行きました。店員さんからのアドバイスもなく、自分で調べ、自分で体感し、自分で買うことを決めました。使い方、商品の特徴、使い勝手の何ひとつ店員さんは教えてくれませんでした。

商品を売るという行為は、しっかりお客様に商品を紹介し、安心して買うことができるようにするのが当たり前ですが、こんな当たり前のことができていないのが実情です。

私も、ロボット掃除機を何もわからないままいちかばちかで購入しました。親切な接客とはどういうことか、もう一度見直すべきだと感じました。日本でも有名な電器屋さんも、接客の基本ができていないのが現状です。

◉この商品はどんなことに役に立つのか

ロボット掃除機は、仕事に出かけるときに作動させておくと、３部屋くらい勝手に掃除をしてくれて、終わると自分の充電するところまで戻り、完了という作業をこなしてくれます。ロボット掃除機を知らないお客様にもこんな使用例の紹介ができると、商品自体に興味を持ってもらえるかもしれません。

お客様に今まで知らなかった使用用途を教えることで、お客様はその商品を使ってみたくなるのだと思います。こんな機能が欲しいという問題意識を持っているお客様は、販売員の説明補助がなくても購入してくれますが、商品についての知識を何ら持っていないお客様は、販売員から使い方を教えてもらうことで商品への愛着が膨らみ、購入したいと思うようになるのだと思います。

お客様が自分で商品を調べ、商品を購入するのでは、新しいマーケットは広がりません。**お客様に新しい使い方を積極的に紹介する**ことでマーケットが広がっていきます。

何も知らないお客様に積極的に製品を紹介しよう

6-2 信じられない機能でお客様を驚かせよう

◉新機能を知らないお客様が7〜8割

デジカメの調子が悪く修理に出しにくるお客様の中には、修理代金が高額なことがわかると、新しいデジカメに買い替えてしまう人もいます。また、自分の欲しい新しい機能の商品が発売されると、自分でカメラを買い替えるお客様もいます。

しかしほとんどのお客様は、現在使っている機種に何の問題意識も持たず、**使える限りそのまま使っている**ようです。

コンパクトデジカメだと、通常3倍ズームから5倍ズームのカメラが現在の主流です。しかしそのくらいのズームだと、子供さんの運動会などで躍動感あふれる写真を撮るには物足りません。コンパクトデジカメで上手に撮れないので、ビデオカメラで撮影されている方もいます。

そこでコンパクトデジカメでも、ズームが光学20倍のタイプが発売されており、子供さんの50m走のゴールシーンなども迫力で撮影できることを紹介すると、爆発的に売れたりします。

要するにズームが小さいという問題意識を持っているお客様は、自分からカメラをさがし、高倍率のデジカメに買い替えますが、ふだん**何気なく使っているお客様が全体の7～8割を占めている**のが現状なのです。

◉機能の進歩は日進月歩

連写撮影の機能がないデジカメを使っているお客様はそれが普通になっているので、子供さんを撮影するとき連写撮影を試してもらうと、何気ない自然な表情が撮れることで驚かれます。撮影イメージを広げることは購買につながるのです。

私の上司であるS専務は、使っているスマートフォンが思うようにさくさく動かなくてイライラしていたところに、新しいスマートフォンを紹介されて使ってみたら、あまりにスムーズに動くので、1年くらいしか使用していなくて壊れてもいないのに、紹介された機種に買い替えてしまいました。

こうした機能アップはデジカメも一緒で、新しいものほどレスポンスが速く、精度も上がっています。

ですからお客様が求めている機能にぴったりの提案をすると、お客様のほうから、今使っているカメラが壊れていないのに新しいカメラを購入されます。

◉比較体感する効果

ふだんコンパクトデジカメを使っているお客様に、まったく考えもしていないコンパクト一眼レフを紹介するときは、撮る楽しみを体感してもらいます。使用用途の幅を劇的に広げられることがわかると、お客様はコンパクト一眼レフカメラが欲しくなり、購入していきます。

このように販売員が紹介して買ってくださったお客様は、「やっぱり紹介してくれたカメラを買ってよかった」と報告を兼ねてプリントの依頼に来店してくださいます。

ふだん何気なく使っている商品も、**新しいものと比較体感する**と、お客様のほうで新しい商品の価値を見出し、購入したいという思いが強くなります。

私もスマートフォンを使っていて、バッテリーの持ちが悪く使用感もあまりよくないと思っていました。そんなとき、会社の社内電話用にアイフォン5が支給され、私の脳みそは破壊されました。バッテリーの持ちもよく、使用時のさくさく感もよく、カメラ機能もきれいでびっくりしました。

はじめからこのような商品を店で紹介されていたら、間違いなく購入していました。もっともっとお客様に合った商品を、使用用途も含め提案していくべきだと思います。

商品はお客様の想像以上に日々進化している

6-3 思わず買ってしまう販売方法とは

◉わが店独自の提案

日本一、交換レンズを販売しているのが、わが社の本店のT店長です。本店は毎日、写真プリントを依頼されるお客様で混んでいます。

本店ではお客様の写真を販売員が一緒にソファーに座って選んだり、撮影のアドバイスをしたりして、お客様の写真の撮り方の向上も含め、ていねいに応対しています。お客様が撮られてきた写真が失敗されている場合は、そのつど、失敗の原因は何かを説明して、撮影方法をアドバイスしています。

デジタル一眼レフカメラでは、通常お客様の多くは、標準ズームと望遠ズームの2本を購入しています。しかし私の店では、以前から実際に撮影する場合、標準ズームと望遠ズームを撮影途中に交換するのは不便だと思っていたことから、一本で標準から望遠まで撮れる高倍率ズームを紹介することで、お客様に支持されています。

私の店の販売地域のお客様には、高倍率ズームを使っていただくことで喜んでいただいているのです。

◉高価な商品でも機能しだいで売れる

さらに最近では、写真プリントを注文していただいたお客様には、帰りに広角レンズを紹介して見ていただいています。

広角レンズは、今までは一部の限られたお客様が風景などを撮影するのに利用していたレンズでした。しかしT店長は、前述したように一般の子供さんがいるファミリーから20代の男女の幅広いお客様に、広角レンズを薦めることをはじめました。

広角レンズの使用用途・撮影方法を紹介することで、お客様がびっくりするほど撮影の幅が広がることがわかると、高額な商品ですが、驚くような売れ方をしはじめたのです。

また、こんな事例もありました。S支店の店長は、30代のパパが写真プリントの依頼で来店されたとき、お客様に小さなお子さんがいることを聞き、「一眼レフカメラは使わないのですか？」と尋ねました。すると別の電器屋さんで予約したという返事です。

店長はどこで買うのかには触れず、お客様に、「子供さんが何人いて、主にどんな目的に使うのか」などを聞き出し、「一眼レフで撮影するとどんな写真が撮れるか」「広角レンズを使うと躍動感のある写真が撮れる」ことなどを教えました。するとお客様のほうから、「予約したカメラをキャンセルして、店長が紹介してくれたカメラとレンズを買うよ」と言い出したそうです。

◉欲しいのはカメラではなく「思い出」

商品を買うときには、購入後の楽しいイメージが見えないと、お客様はワクワクも感動もしません。販売員は、快適な使用感、楽しい時間の使い方などを、接客しているときにどれだけイメージさせられるかが一番重要なのだと思います。

お客様にとってカメラは道具にすぎず、大切な子供さんや家族との思い出を残したいというのが一番の目的なのです。

毎日、私達の店には、多数のお客様が写真プリントを出しに来店してくださっています。

そんなときの応対で、「旅行の写真をもっと上手に撮りたい」という希望を聞き出したとすると、コンパクトデジカメをお使いのお客様には、新しい小型の一眼レフを紹介します。お客様は撮影の楽しみが広がることがわかると、商品が欲しくなり、予約されていく方もいらっしゃいます。**お客様の潜在している希望と商品がマッチする**と欲しくなってしまうのだと思います。

お客様は〝ワクワク感〟を求めている

6-4 あなた自身の企画で販売の幅を広げよう

◉新しい機能の使い方を売り出そう

私の店で取り扱っている交換レンズに、マクロレンズという商品があります。この商品は従来、主に花などを撮影するレンズとして使われてきました。通常の流れだとそのような使用用途をお客様に紹介して販売しますが、このレンズは単焦点で非常に明るいという特徴もあります。そして20㎝の距離からも撮影ができ、ボケ味もいいのです。

こうした特徴を活かして、赤ちゃんとか子供さんを室内で撮影すると、柔らかな描写でボケ味のいい雰囲気のある写真が撮れます。

従来から使用されていた用途を紹介するのはもちろんいいのですが、商品をくわしく調べ、その特徴を活かす**新たな用途を発見して自分の企画として紹介**できると、新しいマーケットが広がります。自分で商品を調べ、この特徴だったらお客様の撮影ライフのあの場面で使えるなと企画してそれが販促につながると、お客様にも喜んでいただき、販売した自分もうれしいものです。

◉見方を変えれば様々な使い方が発見できる

これまでにも工事現場などを記録する専用デジカメがありましたが、アウトドア用のデジカメを工事現場用のデジカメとして紹介することで、1台の予算で2台購入できると喜ばれたこともあります。

また私の店では、防水デジカメを、一般の子供さんのいるファミリー用デジカメとして提案して販売しています。防水でショックにも対応しているデジカメは万能デジカメで、子供さんが乱暴に使っても、落としても故障しないので、安心して預けることができます。

また私の店では、たくさんの種類のプリントサイズをお客様に提供しています。その中で全紙サイズというものがあります、ちょうどポスターサイズくらいの大きさです。

今までは、趣味で写真をやっている方が写真展などに出品するために、このサイズに伸ばすのが一般的でした。しかし私の店では、卒園・卒業・入園・入学など子供さんの記念のお祝い用として提案しました。

おじいちゃんやおばあちゃんの孫へのお祝いのお返しにプレゼントしたり、自宅にどーんと飾れると、お客様に大好評でした。私の自宅にも、息子が5歳くらいのときの公園でサッカーをやっている写真が、このポスターサイズで飾ってあります。息子も今は中学生になっていますが、その写真とともに元気にすくすく育ちました。

ひとつの売り方から**多面的に使用用途をさがし出し、新たな提案をする**ことで販売の幅が広がります。

お客様に新たな提案をすることは販売員の楽しみ

6-5 お客様の新しい世界を開く接客をしよう

◉販売のプロとしてのお手伝い

お客様はふだん、デジカメを使って子供さんのスナップを撮ったり、散歩のときに風景を撮ったり、育てている花を撮ったりなど、様々な撮影をされています。お客様が使いこなせるのは、すでに知っている撮影方法、使用用途など、最初は販売員から教えられたとしても、お客様自身が自ら習得したものです。

そこで販売のプロとしては、お客様の撮影シーンを聞きながら、また撮影方法などを聞きながら、そこから新たな交換レンズなどを紹介して、今まで経験したことのない撮影方法を教えて**お客様の撮影の用途の幅を広げる**お手伝いをしましょう。

子供さんが部活動でサッカーをしているのであれば、500㎜の望遠ズームで撮影すれば、ヘディングで競っているシーンもアップで撮ることができます。

◉新しい体験への招待

また、大好きな子供さんの成長記録を、上手な写真で残したいお父さんやお母さんには、私の店でやっているモデル撮影会への参加を提案したりします。プロの指導によってモデルの表情やポージングや視線など、上手に撮るコツを学ぶことによって、自分の子供の日常の姿を生き生きと撮ることができるようになるからです。

撮影会にはじめて参加されるお客様は、「私なんかが撮影会に行って大丈夫なの？」と心配されますが、たくさんの写真を撮ってきた後、店に戻ってくると、「本当に紹介してくれてありがとう」と喜んでくださいます。

接客とは、商品を売るときだけではなく、**お客様との関係がどれだけ長く続くか**だと思います。

世の中にはいろいろな業種がありますが、どんな職種についていても、売るまでだけ一所懸命のスタイルからは早く脱皮して欲しいと思います。

お客様は技術が上がることで新しい知識も欲しくなる

6-6 名刺を渡してしっかり再来店の約束をしよう

◉次回来店の約束をする

新人で自分の名刺を持っていなかったころの私は、紹介した商品のカタログに自分の名前を記し、お客様にお渡しししていました。お客様の名前、紹介した内容は記録しておきました。自分の名刺を持つようになってからは、どんなに短い接客でもお客様に名刺を渡し、次回来店していただけるように心がけました。

私も家電製品や家具などを買いに出かけることがありますが、販売員が接客してくれて、「考えてまたきます」と言って帰るとき、名刺すら渡されないことがあります。そんなときは思わず、「もったいない営業をしているな」と感じてしまいます。

私は新人のころ、今の専務（当時は営業部長）に、お客様に名刺をお渡ししての次回来店の約束の仕方を徹底的に教わりました。

「たとえば商品を紹介してお客様が、『検討してまたくる』と言って帰られる場合、言葉だけで、『またよろしくお願いします』では、お客様も『買う気がないように見られたのかな?』と思うだろう。

　そんなときは名刺をお渡しし、**お客様のお名前と電話番号をしっかり聞いて**、次回来店される日を確認して約束をすることだ。ここまでしてお客様にしっかり対応したことになる」

◉名前・電話番号を教えてくれないお客様はまだ遠い

　見本を見せて教えてくれた専務には、お客様が約束した日が都合が悪いと、お客様のほうから連絡が入ります。別の日のご来店を約束されている専務を見て、自分も同じようにお客様に対応するようになりました。

　しっかり商品を紹介し、接客したうえで、「検討してまたくる」というお客様には、名刺約束をしっかりやることで、お客様も販売員が、「自分のことをちゃんとした客と見て対応してくれた」と感じます。

　検討した結果、まだ購入しない場合でも、電話連絡してくれるお客様がたくさんいます。しっかり次回来店の名刺約束をすることで、お客様の戻り率も非常に高くなります。名刺約束をするときは、失礼がないようにお客様に名前と電話番号をお聞きしますが、だいたいのお客様は教えてくれます。

逆に名前と電話番号を教えてくれないお客様は、まだ**自分との距離感が遠い**お客様だったり、検討段階が浅くて、名前や電話まではいいやというお客様です。

名前も電話番号も聞けないお客様に対しては、「自分の接客がお客様の期待度・購買感を上げることができなかった」と考えるようになりました。

◉「無地の名刺」は効果がない

私は現在、店舗のスーパーバイザー的な役割もしているのですが、店舗巡回をすると、お客様との再来店の約束として自分の名刺を渡すだけのスタッフもいました。その名刺を私は、「無地の名刺」と呼んでいます。

そんな販売員には、「お客様が誰なのかもわからず、何を紹介したのかもわからず、いつ接客したのかもわからず、自分の名刺をただ渡すだけでは、『購入するときはよろしくお願いします』という軽いタッチの意味しかないよ」と教えます。

名刺約束とは、ただ名刺を渡すだけの行為ではなく、お客様に真剣に向き合っていることを示す、ものすごい武器だと思います。ですから名刺約束をして来店されない場合は、お客様に連絡をとり、現状をお聞きすることもあります。

「電話をくれたことがきっかけで買いにきたよ」と言うお客様もおられたり、「迷ってたんだけど背中を押してくれてありがとう」と言ってくれるお客様もいます。

名刺約束は、販売員がしっかりお客様に対応した証だと思います。

名刺約束は単なる販売促進対策ではない

6-7 商品がどんなに進歩してるかをお客様は知らない

◉お客様の知らない新商品情報

たとえば7～8年前に子供が生まれたときに買ったデオカメラは、10万円以上もしました。しかし、現在のビデオカメラは当時のものより本体も軽く、画質も性能もよく、値段も3万円くらいで買えます。

そうしたことを紹介すると、お客様もびっくりして購入を決める方もたくさんいます。

ちょっと前のコンパクトデジカメの値段で、デジタルビデオカメラが購入できることを知らない人が大半だということです。

そのコンパクトデジカメも、5～6年前は4～5万円していましたが、最近では1万円前後で多機能のコンパクトデジカメが買えます。液晶テレビも4～5年前は37インチのものが20万円近くしましたが、今では5～6万円で買えます。

お客様にそんな新しい商品の情報を伝えて、気づいてもらうことが販売促進の近道だと思います。

◉新しい情報・サービスを伝えよう

私の店には、プリントを依頼するお客様が多数来店されます。お客様は、旅行に行ってデジカメで撮ってきた写真プリントをにこにこしながら受け取ります。

そんなお客様と一緒に、アドバイスしながら写真を選んでいるときに、「一眼レフは使わないのですか？」とお聞きして、目の前で世界最小のミニ一眼レフを紹介すると、ものすごく小さくてびっくりされます。

今使っているデジカメとサイズがあまり変わらず、レンズも交換できて簡単に撮影することができる。高画質で、自分でも安心して使えそうだな、とお客様が思い、商品に共感してもらえると、プリントを出しにきていただいたお客様にも、一眼レフカメラを購入してもらうことができます。

プリントサイズは、フィルム時代の名残で、同時プリントという注文方法で全コマプリントしていた時代のサービスサイズという大きさがあります。デジカメの時代になって、お客様は撮ったらその場で画像が確認できます。ですからプリントするときは、写真を選んでプリントするようになりました。

そこで私の店では、今までのサービスサイズから、ひと回り大きいキャビネサイズを提案するようにしました。知り合いにプレゼントするときなどには、従来の小さなサービスサイズより、キャビネサイズのほうが迫力があり、喜ばれます。

このように今までのサイズを当たり前と思わず、新たなサイズを提案することも含め、どんどんお客様に喜んでもらえる情報・サービスを増やしていくと、大きな販促の道につながります。

新しい情報・サービスがお客様の生活を豊かにする

6-8 「売れる販売員」はお客様を見て提案できる

◉本音で話せる関係

私のお客様で、もう20年近く店に通ってくださっている方がいます。名指しで電話が掛かってきて、「ちょうどプリンターが欲しいと思っていたんだけど、豊島君がテレビに出ているのを見て、プリンターを買うなら豊島君のところがいいかな、と思って電話したんだよ」と買っていただいたありがたいケースもあります。

世の中には値段値段と言うお客様ももちろんいますが、値段が安いだけでお客様は購入されるでしょうか？　私は、**お客様とどれだけ本音で話せるか**、お客様も販売員にどれだけ本音を出せるかだと思います。

「あんたが気に入ったからずっときているんだよ」とよく言われることがあります。

私は、商品を購入してもらう前にどれだけのことを伝えるかよりも、買っていただいてからどれだけお客様と関われるかのほうが大切だと感じています。

◉販売員を信用して買う

今年、私の知り合いの保険屋さんが亡くなられました。私はその方が亡くなったとき、気がつきました。保険の商品がよくてその方の保険に入ったのではなく、その人の人柄を信頼して保険に入ったのです。薦めてくれる人が信用できるから商品のよさがさらに伝わり、商品の価値が上がり、お客様が買ってくれる。

いつも思うことですが、販売員と商品が合体してひとつの商品になるのです。販売員が商品に惚れ込んで、販売員が一所懸命紹介することで商品の価値がお客様に伝わります。

考えの狭い固定観念の強い販売員は、自分の狭い価値観、視点でしか商品を見ることができず、そのために売れないことに気がついていない人もいます。

売れない販売員は、「お客様の用途にはまらない商品だ」と勝手に判断し、売れる販売員は、**「お客様にはまる用途を提案」**します。販売員であるあなたのさじ加減で、「売れる」も「売れない」も決まります。

自分だけの価値観という狭い殻から早く抜け出してもらいたいものです。

売れる販売員はお客様に合った用途で売る

6-9 お客様が自分の成長の糧になる

◉私はお客様に育てられた

私は大学受験に失敗し、高校卒業後、転職をくり返しました。23歳のときに今の会社に入社し、右も左もわからないところから、たくさんのお客様を接客することで相手に関心を持ち、他者受容、自己受容ができるようになり、成長ができたと思います。

私は入社当初、お客様に対応するときは、あまり深入りせず、ある程度距離感を持ったほうがいいと思っていました。しかし、それは間違いでした。

お客様に対応するときは、どんどん深くお客様に入っていくことで、お客様も心を開いてくださることがわかりました。距離を置いて接客していると、ずっとその距離のままです。

今ではクレームで怒鳴られたことがあるお客様とも、何十年ものおつき合いがあります。

自分の中身を全部お客様に見せることで、お客様も自然と内情を見せてくれます。私もお客様の相談に乗りますが、自分の相談にも乗ってもらっています。

私は商品を通してお客様と接点があり、お客様に喜んでもらうことができます。自分を気に入ってもらい、ずっと店にきていただくことができれば、一回の接客が一生ものの接客に変わっていくのです。ですから大事なことは、一回一回の接客を、どれだけ真剣勝負できるかだと思います。

◉自分の殻をぶち壊そう

私はたくさんのお客様にいろいろなことを教わりました。お客様にも商品を通していろいろなことを伝え、私は自己成長できたのだと思います。私がもし販売の仕事をしていなかったら、ずっとへっぴり腰のままだったと思います。

売ることの楽しみ、お客様に喜んでもらえる快感、お客様と深く関わってきたことが、自分を成長させてくれる糧になったのだと思います。接客が楽しくて面白いと思うから販売力も上がるのだと思います。お客様に喜んでもらうことが接客の一番の楽しみです。

相手を喜ばすことができなければ、自分も喜ぶことはできません。

自分の壁を乗り越えるためには、自分の中に存在している小さな価値観、小さな先入観といった殻をぶち壊すことです。目の前に見える壁は、実は自分を成長させる課題だったのかもしれません。

自分の小さな常識は、数多くのいろいろなお客様に接して広い世界があることを知ることで壊すことができます。そのちっぽけな自分の常識を壊したときが、自分の壁を乗り越えたときだと思います。

最後になりますが、自分の壁を乗り越えられない自分がいる場合、乗り越えるポイントは、**「何でも他人のせいにしないこと」「一人で悩まないこと」「まわりの人に自分の考えをアウトプットすること」「自分の考えや思いを溜め込まず吐き出すこと」**。

まわりの意見をどれだけ素直に聞き入れられるかどうかが重要なことだと思います。私はそうしてひとつひとつ壁を乗り越えてきました。

お客様を通して広い世界が見えてくる

わが社の販売姿勢

私の会社には、販売員のための「わが社の8つの行動指針」があります。それを以下に紹介しましょう。

①お客様はいつも正しい、お客様から学ぶこと

たとえばお客様がプリント写真を注文し、仕上がりをすでに持ち帰っているのに、「注文した写真をまだもらっていない」と言われたような場合でも、丁重に説明し、「自店でも店舗内を確認するが、お客様のほうでも確認していただけないか」と伝えて次につなげる対応をしています。

ふたつ目の例は、お客様にビデオカメラの修理を依頼されたときに、「カメラの中にテープが入っていたはずだ」と言われたことがありました。大切な子供の成長記録のテープが入っているとおっしゃるのです。

当社では、メーカーにも調べてもらい、自店も再度確認しましたが、テープは預かっていません。お客様のほうは、「大切なテープをどうしてくれるんだ」の一点張りです。

しかしそのテープは、お客様の自宅から発見されたのです。

ここで一番大切なことは、お客様の大切なテープが見つかったことを一緒に喜ぶことです。

②自ら知識と技術を高めること

カメラの商品知識を身につけるために、カメラ雑誌やカタログなどを見たり、写真家の作品などを見ることで、視覚的知識が身につき、インプットした内容を実践することで撮影技術を磨くことができます。

私の会社では業務サービスとして、幼稚園から専門学校まで幅広く卒業アルバムを作成していますが、アルバムの中では、多数のスポーツ・シーンを思い出の記録として掲載しています。

スポーツの撮影は一瞬のミスも許されませんが、チャレンジすることで撮影技術が磨かれ、技術も向上します。最初から上手に撮影できる人はいません。多くの撮影シーンを体験することで、カメラを購入してくださったお父さんやお母さんに自分が体感した技術のアドバイスができます。知識の吸収だけでは技術は向上しません。

③365日24時間全ての事、全ての人から学び日々勉強すること

コンビニでは最近、ドリップコーヒーが流行っており、100円でおいしいコーヒーが飲めます。コーヒーを注文するとコップを渡され、機械の前でセルフでコーヒーをつぐのですが、私はホットを飲みたいのにアイスのボタンを押してしまいました。

新米のような店員に声をかけ、間違ってしまったことを伝えると、「交換できません」という答え。さらに交換してくれることを期待してベテランの店員に同じことを伝えても、まったく同じ答えでした。

自分の店だったら、お客様が間違えても、つくりかえます。どちらがサービスとして正しいのでしょうか。

④プラス思考で素直に素早くスピードをもって行動すること

私はお客様からのクレーム対応の責任者という仕事をしていますが、正直に言ってお客様のクレーム・苦情をお聞きするのはつらいことです。お客様から逃げれば逃げるほどクレームは大きくなります。

しかし、お客様のクレーム・苦情も、全面的に受け入れ、正面から向き合って対応すれば、お客様も心を開いてくださると体験的に感じました。せっかちな性格なので、

ハイスピードで対応しすぎて失敗することもありますが、素早い対応をすると、お客様も気持ちいいと思ってくださるようです。

⑤毎週月曜日、前の週の商売を見て、その日その週にやることをすぐに結論を出し実行すること

月曜日の店長会で、お客様への特別キャンペーンとして、「今週、サービスサイズのプリントを10枚注文してもらうと、キャビネサイズのプリントを1枚プレゼント」と決めても、店長によっては、「プレゼントするのがもったいない」と勝手に自分の価値基準で動く人もいます。

そんなときは、「なぜ、このようなキャンペーンをやる必要があるのか」「新しい写真サイズを提案することにどんな意味があるのか」「目先の損得で動くことより大事なことがある」ことを教えています。

⑥毎日の結果から学び具体的な行動に結びつけること

私は毎日、全店の各販売員の販売実績をPOSレジで確認しています。実績を見るだけでなく、売れたストーリー、お客様との関係性、接客内容、売れた原因、お客様に共感してもらった内容など、販売員に一人ずつヒヤリングをしています。販売がゴールではなくて、もっとお客様に提案できた内容がないかを検証し、売れても失敗の内容がなかったかどうかをさがし、接客の改善点を一緒に考えます。

⑦アソシエイトの人生を尊重すること

アソシエイト（販売員）とは常に真剣勝負で、自分の弱いところ・足りないところを見せることで、アソシエイトも心を開いてくれます。もちろん仕事での相談にも乗りますが、仕事以外の相談にも乗ります。

私はアソシエイトとは、仕事も私生活もすべて一緒だと考えているので、間違っていれば怒りますし、うれしいことがあれば一緒に喜びます。

⑧お客様が悪いと感じたら行動①へ戻れ

私は入社したてのころ、値段のことでお客様に無理難題を言われたことがあります。私はお客様をどうしても許せなくて、守るべきものも何もなかったので、「表に出ろ！今この会社を辞めてくるから、外で待ってろ」とたんかを切りました。

しかし、その場を見ていた上司から、お客様の前でガンガンに怒鳴られました。

今思えば、私の包容力のなさ、お客様への受容力の乏しさが、私が切れた原因だったと思います。

お客様が無理難題を言ってきても、余裕の対応力があれば、怒る理由もありません。

著者略歴

豊島 定生（とよしま さだお）

1972年、栃木県宇都宮市生まれ。サトーカメラ（株式会社）常務取締役。

高校卒業後、転職をくり返し、23歳のときにサトーカメラ㈱に入社。まったく販売経験のないゼロからのスタートで、入社3ヶ月でトップ販売員になる。最短コースで店長へ抜擢、県内複数店舗の店長経験後、エリア長をへて現在、商品部兼スーパーバイザー的役割をはたしながら、18店舗の店長とともにマーケットの拡大に力を注いでいる。栃木県のカメラ・交換レンズの年間消費支出、堂々の全国1位に大きく貢献。

[講演・セミナーのお問い合わせ、ご意見・ご感想をお気軽にお寄せください]

サトーカメラ㈱
〒321-0904　栃木県宇都宮市陽東3-27-15　2階
TEL 028-613-6681　FAX 028-613-6685

販売員が壁にぶつかったら読む本

平成26年7月31日　初版発行

著　者 —— 豊島　定生
発行者 —— 中島　治久

発行所 —— 同文舘出版株式会社

東京都千代田区神田神保町1-41　〒101-0051
電話　営業03(3294)1801　編集03(3294)1802
振替00100-8-42935　http://www.dobunkan.co.jp

©S.Toyoshima　ISBN978-4-495-52781-5
印刷／製本：三美印刷　Printed in Japan 2014
